汽车生产现场管理

主　编　李亚杰　王立超　陈　思

副主编　张金玲　刘迎辉　刘　铁

参　编　王小毓　高伟健　徐晓月

　　　　侯　建　杨　宇　白泽腾

　　　　姜福生

机械工业出版社

本书采用"项目引领、任务驱动"的编写体例,按照"岗课赛证"综合育人模式编写而成,每个教学任务均来源于企业生产现场岗位工作实际。本书结合"汽车强国"战略对汽车产业转型升级的高素质技术技能人才的需求,在落实立德树人根本任务的基础上,强化对学生工作岗位实际业务能力的训练与培养。

全书共有 6 个项目,包括汽车生产现场管理概述、现场安全管理、现场质量管理、现场生产管理、现场成本管理、现场人员管理。

本书可作为高等职业院校汽车制造与试验技术、新能源汽车技术、智能网联汽车技术,职业本科院校新能源汽车工程技术、智能网联汽车工程技术等汽车类专业的教学用书,也可作为汽车企业工作人员、管理人员和技术工人的培训教材和参考书。

本书配有电子课件等资源,凡选用本书作为教材的教师,均可登录机械工业出版社教育服务网(www.cmpedu.com),注册后下载,或联系编辑索取(010-88379756)。

图书在版编目(CIP)数据

汽车生产现场管理/李亚杰,王立超,陈思主编. —北京:机械工业出版社,2024.5(2025.2重印)
ISBN 978-7-111-75789-4

Ⅰ.①汽… Ⅱ.①李… ②王… ③陈… Ⅲ.①汽车企业–工业企业管理–生产管理–高等职业教育–教材 Ⅳ.①F407.471.6

中国国家版本馆 CIP 数据核字(2024)第 094761 号

机械工业出版社(北京市百万庄大街22号 邮政编码100037)
策划编辑:谢熠萌 责任编辑:谢熠萌
责任校对:王小童 张昕妍 封面设计:王 旭
责任印制:常天培
北京机工印刷厂有限公司印刷
2025年2月第1版第2次印刷
184mm×260mm・11印张・277千字
标准书号:ISBN 978-7-111-75789-4
定价:35.00元

电话服务 网络服务
客服电话:010-88361066 机 工 官 网:www.cmpbook.com
　　　　　010-88379833 机 工 官 博:weibo.com/cmp1952
　　　　　010-68326294 金 书 网:www.golden-book.com
封底无防伪标均为盗版 机工教育服务网:www.cmpedu.com

前　言

当前，在电动化、智能化、网联化、共享化"新四化"发展趋势下，汽车行业正在进行从"制造"到"智造"、由"汽车大国"向"汽车强国"的转型变革。汽车行业"新四化"对人才专业能力的需求有了新的变化，传统汽车工程教育培育出的人才已不能满足目前汽车行业的实际需求。在技术革新加速的时代，汽车人才培养供给侧和产业需求侧的矛盾愈加凸显，创新人才培养模式、提高人才培养质量势在必行。"岗课赛证"综合育人既是高等职业院校深化产教融合的成果，也是推进职业教育供给侧结构性改革的要求。

本书根据新发展形势下汽车行业对人才能力构成的新的需求情况，按照"岗课赛证"综合育人模式编写而成。本书具有以下编写特色。

1. 立德树人，培根铸魂

本书贯彻党的二十大报告中所提出的"育人的根本在于立德"精神，落实立德树人根本任务。本书通过素质目标、知识拓展等环节，弘扬精益求精的专业精神、职业精神和工匠精神，激发学生自信自强、守正创新、踔厉奋发、勇毅前行的意识。

2. 项目引领，任务驱动

本书采用"项目引领、任务驱动"的体例编写。全书共有 6 个项目，计 18 个任务，主要内容包括汽车生产现场管理概述、现场安全管理、现场质量管理、现场生产管理、现场成本管理、现场人员管理。每个项目涵盖多个任务，每个任务设置了"任务描述""任务目标""任务书""知识准备""知识拓展""任务实施""评价反馈""课后测评"等环节，逻辑清晰、环节完整、内容充实。

3. "岗课赛证"综合育人

本书结合订单培养、职业技能等级证书制度等，将岗位技能要求、职业技能竞赛、职业技能等级证书标准有关内容有机融入教材，通过工作任务驱动方式，展开理论知识、职业技能、操作规范等知识和能力的学习和培养。

4. 校企合作，双元开发

本书由职业院校教师和企业专业技术人员共同贯彻新发展理念，精选企业生产现场真实生产任务，将项目实践与理论知识相结合，实现了教学内容三对接（职业岗位、职业标准、生产过程三对接）、素养教育三融合（融方案、融标准、融课堂），保证了教材的职业教育特色。

5. 创新形式，智能驱动

为全面贯彻党的二十大精神，推进教育数字化，本书被打造成新形态立体化教材，学生可以利用移动终端扫描二维码观看教学视频，进行自主学习，也可进入在线开放课程参与学习、讨论与测评，实现线上线下混合式教学。

6. 配套齐全，资源丰富

本书提供丰富的教学资源，包括电子课件、电子教案、教学大纲、教学视频等资源。

本书由长春汽车职业技术大学李亚杰、王立超、陈思任主编，长春汽车职业技术大学张金玲、刘迎辉、刘铁任副主编，长春汽车职业技术大学王小毓、高伟健、徐晓月、侯建、杨宇和一汽 - 大众汽车有限公司白泽腾、姜福生参与了编写。全书由李亚杰统稿和定稿。

本书在编写过程中参阅了大量的文献资料，在此向这些文献资料的编著者表示诚挚的谢意。

由于编者水平有限，书中难免存在不足与疏漏之处，恳请使用本书的师生及同行专家提出宝贵意见，进行指正！

编　者

二维码索引

名称	二维码	页码	名称	二维码	页码
召开班前会		11	汽车生产现场的危险源辨识		38
班组管理		12	危险预知训练		44
事故概述		26	指差确认		49
事故的预防与控制		26	班组会议		50
生产现场的危险与预防		29	QC 七手法		57
现场急救知识		29	班组质量管理		59
火灾安全知识		29	QC 小组活动		66
危险源辨识		35	准时化		85

（续）

名称	二维码	页码	名称	二维码	页码
自働化		85	不合理 6 项手册		128
标准作业		100	消除浪费		132
目视管理		111	现场（班组）人员管理		153
TPM "1" STEP 活动详细教程		122			

目　录

项目 1

汽车生产现场管理概述

任务1　认识汽车生产现场

【任务描述】

　　生产现场是制造型企业的中心，是企业产品的生产、制造场所，或提供生产服务的场所。生产现场具有创造效益、提供大量信息、综合展示企业形象以及直接或间接反映问题等功能。汽车的生产制造在汽车生产现场完成，认识、了解汽车生产现场，是汽车制造人员必备的职业知识。

【任务目标】

素质目标：

　　1）坚信科技自强，增强民族自豪感。
　　2）培养全局意识，树立学习意识。

知识目标：

　　1）掌握汽车制造四大工艺。
　　2）认识汽车生产现场。
　　3）掌握生产现场管理六要素。

能力目标：

　　1）具备分清不同生产现场作业的能力。
　　2）具备应用生产现场管理六要素分析生产现场问题的能力。

【任务书】

　　汽车生产制造人员要能在汽车生产现场进行现场作业，按照现场管理任务要求进行生产作业活动。现场管理的好坏，直接影响产品的"质量、成本、交期"各项任务的完成，生产现场管理在企业中越来越重要。假设你是一名汽车制造人员，请与班级同学积极讨论分析，完成现场分析与现场管理分析任务。

【知识准备】

一、生产现场的含义

　　现场有广义和狭义两种。广义的现场是指事件发生的场所（场地）。狭义的现场是指企业从事直接与赚取利润有关的主要活动场所。

生产现场是从事产品生产、制造或提供生产服务的场所，即劳动者运用劳动手段，作用于劳动对象，完成一定生产作业任务的场所。对于制造型企业，它既包括基本的生产作业场所，也包括生产技术准备部门、辅助生产部门以及生产服务部门的工作现场。在我国工业企业中，习惯于把生产现场简称为车间、工厂或生产线等。

生产现场是生产要素的组合，也是人员、生产、技术、质量、成本、材料、设备、安全、劳动环境等专业管理的立足点。

由于生产现场是企业产品实现的主要场所，因此它具有创造效益、提供大量信息、综合展示企业形象以及直接或间接反映问题等功能。

二、汽车生产现场

1. 汽车制造四大工艺

在汽车制造业中，汽车制造的四大工艺最为关键，四大工艺即冲压、焊装、涂装和总装。通过汽车制造的四大工艺，配合动力总成，便可生产出一辆完整的汽车。

（1）冲压工艺　冲压是汽车生产的第一步，它是将钢板冲压成汽车车身主体的工艺过程。据统计，汽车上有 60%~70% 的零件是用冲压工艺生产出来的。因此，冲压技术对汽车的产品质量、生产效率和生产成本都有重要的影响。

（2）焊装工艺　焊装是将冲压成形后的板料通过装配和焊接形成车身壳体（即白车身）的工艺过程。白车身是指完成焊接但未涂装之前的车身。焊装是车身成形的关键，焊装工艺是车身制造工艺的主要部分。

（3）涂装工艺　涂装是指将涂料涂布到（经过表面处理的）汽车表面上，经干燥成膜的工艺过程。涂装工艺是汽车制造过程中不可或缺的一环，它能够保护汽车免受腐蚀和磨损，提高汽车的外观美感和质感，增强汽车的耐用性和使用寿命。

（4）总装工艺　总装是将车身、发动机、变速器、仪表板、车灯等构成整辆车的各零部件装配在一起，生产出整车的工艺过程。汽车总装工作量约占全部制造工艺工作量的20%~25%，其操作内容包括过盈配合、焊接、铆接、镶嵌、配管、配线、螺纹连接、各类油液加注等。

2. 汽车生产现场

汽车生产现场是从事汽车生产、制造或提供生产服务的场所。

汽车制造四大工艺都需要在相应的生产车间（即生产现场）内完成，它们分别是冲压车间、焊装车间、涂装车间和总装车间，如图 1-1 所示。

以上工作都需要由现场技术技能人员和现场管理人员来完成。这些人员不但需要具备一定的现场操作能力，能在汽车生产线上进行操作，还需要具备一线骨干的业务水平和持续改善的能力，能够掌握企业生产建设一线的现代管理要素。

三、现场管理

1. 现场管理的定义

现场管理是指用科学的管理制度、标准和方法对生产现场各生产要素进行合理、有效的计划、组织、协调、控制，使其处于良好的结合状态，达到高效、低耗、均衡、安全、文明生产的目的。

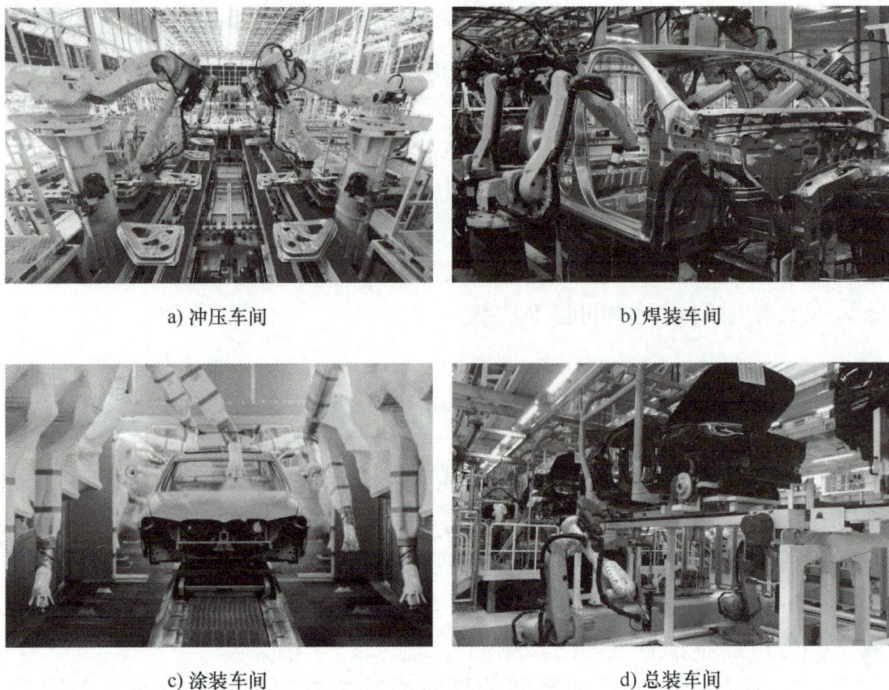

a) 冲压车间   b) 焊装车间

c) 涂装车间   d) 总装车间

图 1-1　汽车生产车间（生产现场）

2. 现场管理的任务

1）安全。安全生产是所有现场管理活动的前提。安全舒适的工作环境是善待员工的基本保障，也是企业应有的管理目标。

2）质量。质量是企业的生命、企业未来的决战场，没有质量就没有未来。

3）效率。效率是企业现场管理不断追求的目标，也是企业生存和发展的基础，更是工作改善的标杆。

4）交期。交期不仅是给客户的交货期，还指产品生产过程中各个工艺环节的时间管理。

5）成本。越来越合理可控的产品成本，是现场管理必须面对的现实。合理的成本既为企业赢得更多的利润，也是产品具有市场竞争力的有力保障之一。

6）士气。坚强有力的团队、积极高涨的士气是企业活力的表现，是精益生产的生产管理文化建设，是企业的宝贵资源。

四、生产现场管理

1. 生产现场管理的定义

生产现场管理的含义有广义和狭义之分。

广义的生产现场管理，是指对企业所有生产经营活动场所的管理。其管理对象不仅包括生产作业现场，还包括与生产作业有关的准备工作现场、服务工作现场和办公现场等。

狭义的生产现场管理，主要是指对企业生产作业现场的管理，即按照企业的生产经营目标以及具体化到车间的目标，对生产作业现场的一切作业活动，进行计划、组织、指挥、控制、监督与调整的总称。本书讨论的生产现场管理指的是狭义的生产现场管理。

2. 生产现场管理六要素

生产现场管理主要包括 6 个要素，即人、机、料、法、测、环。

（1）人（Man）　人是指在现场的作业人员。人是生产现场管理中最大的难点，也是目前所有管理理论中讨论的重点。围绕着"人"的因素，不同的企业有不同的管理方法。

（2）机（Machine）　机是指生产中使用的机器设备、工具等辅助生产用具。

（3）料（Material）　料是指物料，包括半成品、配件、原料等产品用料。

（4）法（Method）　法是指生产过程中需要遵守的规章制度，包括工艺指导书、产品作业标准、检验标准、各种操作规程等。

（5）测（Measurement）　测是指测量工具、测量方法，以及经过培训和授权的测量人。

（6）环（Environment）　环是指环境，一般指生产现场的温度、湿度、噪声干扰、振动、照明、室内净化和现场污染程度等。

由于这 6 个要素的英文名称的第一个字母是 M 和 E，所以也称为 5M1E 分析法。人、机、料、法、测、环的 6 项分析不是独立的，是"你中有我、我中有你"。

在生产现场的质量管理中，六要素表示的含义略有侧重和不同，其具体含义见表 1-1。

表 1-1　5M1E 分析法

序号	5M1E	含义
1	人	作业人员对质量的认识、良好的工作习惯、必要的技能等
2	机	机器设备、工夹具等有无损坏、缺陷，是否有计划外的停机
3	料	材料的成分、性能，材料有无缺陷或短缺
4	法	加工工艺、标准作业，维护以及管理方法
5	测	测量时采取的方法是否标准、正确
6	环	工作场地的温度、湿度、照明和清洁条件等

【知识拓展】 ●● ▶

从中国一汽创建 70 年看中国汽车工业发展

长春东风大街是中国一汽老厂区，这里有百余栋中式雕檐、西式阳台的红色建筑群静静矗立，这里孕育出了红旗、解放两个民族汽车品牌，见证了我国汽车工业从无到有、由弱到强的历史进程。

1953 年 7 月 15 日，来自全国的万名建设者会聚长春西南郊，于茫茫荒野上夯下了第一根基桩。一汽创业之路由此铺就，新中国汽车工业从此展开。

1956 年 7 月 13 日，第一辆国产解放牌货车总装下线，为中国不能制造汽车的历史画上句号；1958 年 5 月 12 日，第一辆国产轿车东风金龙驶出试制车间，开启了自主造轿车的历程；1958 年 8 月，第一辆红旗牌高级轿车试制成功。近几年，红旗品牌价值达到 1155 亿元；解放品牌连续 12 年领跑行业，品牌价值达到 1187 亿元。

70 年弹指一挥间，从"一五"到"十四五"，昔日如稚子般的一汽已走向壮年。中国汽车工业依靠艰苦奋斗、自主创新，实现了跨越式发展：如今的中国已连续 14 年成为全球第一汽车产销大国，新能源汽车产销规模连续 8 年稳居全球首位（截至 2022 年）。

70 载岁月峥嵘，有白手起家的一往无前，有困难面前的千锤百炼，一代代汽车人薪火相传的奋斗精神，凝结成中国汽车工业不懈前行的动力源泉。

如今，中国已从一个工业匮乏的国家成长为世界最大汽车生产国和消费国；从"引进来"到"走出去"，为全球汽车产业电动化转型贡献着中国力量。

课后调研：请通过阅读书籍或者在互联网搜索，整理中国汽车工业发展详细过程，并与同学分享。

【任务实施】

小贴士：

生产现场是制造型企业的中心。请秉持认识全局的工作态度，强化学习意识，按照汽车生产现场相关知识，完成任务实施内容。

任务准备

1）知识：汽车制造四大工艺。

2）工具：5M1E 分析法。

注意事项

1）任务分析过程中，要将汽车制造四大工艺知识活学活用。

2）分析现场知识时，要从汽车制造全局的角度分析问题。

任务实施内容

根据教师指导和所学知识，完成任务实施内容，并记录完成过程。

任务实施流程		
序号	步骤	主要任务内容
1	现场分析	汽车发动机舱盖内板是汽车发动机舱盖的重要支撑板件，它主要在汽车 _____ 生产现场加工完成 汽车发动机舱盖内板

（续）

序号	步骤	主要任务内容
1	现场分析	轿车白车身一般包含底板总成、左侧围、右侧围、顶篷、车门、两盖（发动机舱盖，行李舱盖）5部分，它主要在汽车_____生产现场加工完成 白车身 给白车身喷涂各种各样颜色的工艺称为_____。这项工艺主要在汽车_____生产现场加工完成 白车身喷涂 将汽车的各个零部件组装到一起的工艺过程，称为_____。这项工艺主要在汽车_____生产现场加工完成 汽车组装
2	现场管理	1）上述现场作业任务需要按现场管理_____、_____、_____、_____、_____、_____6个任务完成 2）为实现上述生产现场的高质量加工生产，需要按照现场管理_____、_____、_____、_____、_____、_____六要素进行现场作业活动 3）试回答，现场管理人员需要具备哪些能力
3	效果确认	1）已经掌握汽车制造四大工艺与四大生产现场知识 以上效果是否实现：□是　□否 2）按现场管理6个任务和六要素进行现场作业管理活动 以上效果是否实现：□是　□否

【评价反馈】 ┃••▶

学生小组内合理分工，完成任务实施后，结合个人、小组在课堂中的实际表现进行总结与反思。

评价项目	评价标准	分值	得分
知识准备	熟知汽车制造四大工艺、汽车生产现场	10	
	掌握 5M1E 分析法	10	
知识拓展	养成自主学习、认真分析的习惯，树立良好职业理念	20	
任务实施	现场分析环节，与小组成员积极讨论，充分讨论后得出结论	15	
	现场管理环节，将所学现场管理知识充分运用到任务分析中	15	
	效果确认环节，如果目标没有实现，要进行复习巩固	10	
综合表现	能与小组成员团结合作、积极讨论、严谨认真地完成学习活动，具备认真负责的工作态度	20	
合计		100	

考核成绩：_____ 教师签字：_____

日期： 年 月 日

【课后测评】 ┃••▶

1. 简述生产现场管理六要素。
2. 简述对汽车生产现场管理的理解。

任务 2 认识生产现场班组管理

【任务描述】 ┃••▶

班组是企业的"细胞"，是企业各项生产活动的落脚点，是企业的基础管理组织。企业的一切生产活动都依托班组来进行。搞好生产现场班组管理有利于企业提高产品质量、保证安全生产、提高员工素养、增强企业竞争力。掌握生产现场班组管理知识、会进行生产现场班组管理是汽车制造人员需要具备的职业技能。

【任务目标】 ┃••▶

⚑ 素质目标：

1）强化责任意识，激发担当精神。
2）树立"青年强，则国家强"的意识。

知识目标：

1）掌握现场班组管理知识。
2）掌握班组管理的 6 个任务。
3）掌握班组长的地位和职责。

能力目标：

1）具备组织召开班组会的能力。
2）具备解决班组现场实际问题的能力。

【任务书】

企业的一切生产活动都依托班组进行，班组承担着繁重的生产任务，并对该班组的安全管理、质量管理、生产管理、设备管理、成本管理和人员管理等负有重大责任。假设你是一名班组长或班组骨干，请结合生产现场班组管理知识，与班级同学积极讨论、小组合作，完成班组组建任务和班组任务分析任务。

【知识准备】

一、班组知识

1. 班组的性质

（1）班组是企业的基本作业单位　班组由同工种或性质相近员工，或有连带关系需配套协作的不同工种员工组成，班组是企业的基本作业单位。

（2）班组是企业分级管理不可缺少的最基层单位　班组工作是企业各项工作的落脚点，生产第一线的大量工作都要靠班组去组织、指挥、控制和协调。企业方针、企业改革、思想工作、队伍建设、生产指标的完成、劳动保护、质量管理等都要落实到班组中，班组是企业分级管理不可缺少的最基层单位。

（3）班组是整个生产过程不可缺少的环节　班组虽然只是整个生产过程的一个局部环节，但如果与企业整体生产脱节，完不成规定的生产任务，就会影响企业的均衡生产，严重的会造成生产中断。

2. 班组长的地位与职责

（1）班组长的地位　班组长是班组生产管理的直接指挥和组织者，也是企业中最基层的负责人。在实际工作中，即使中高层管理者政策好，没有班组长的支持和配合，没有一批懂管理的班组长来组织开展工作，管理者政策就很难落实。班组长既是产品生产的组织领导者，也是直接的生产者。

（2）班组长的作用　班组长影响着决策的实施，影响着企业目标的最终实现；班组长既是承上启下的桥梁，又是员工联系领导的纽带；班组长是生产的直接组织和参加者，所以班组长既应是技术骨干，又应是业务上的多面手。

（3）班组长的职责　班组长是生产最前线的"兵头将尾"，既有管理职责也有执行职责。

班组长有以下 4 个职责：

①劳动管理，包括人员调配、排班、勤务、考勤、员工的情绪管理、团队建设等。

②生产管理，包括现场作业、人员、产品质量、制造成本、材料、机器设备等的管理。

③安全管理，负责生产一线的安全生产管理，杜绝"三违"作业（"三违"指违章指挥、违章作业、违反劳动纪律），全面预防生产安全事故发生。

④辅助上级，及时、准确地向上级反映工作情况，提出建议，做好上级领导的参谋助手。

3. 班组组织机构

班组组织机构成员一般包括班组长、班组安全员、质量检验员、记录员等班组骨干，以及班组成员。班组的人员总数应根据班组工作实际进行设置，以利于工作的开展。

班组安全员（简称安全员）是保障企业安全生产的关键力量，主要负责监督班组内部的安全状况，发现并解决潜在的安全隐患。质量检验员（简称质检员）是指在产品生产过程中进行把关控制、监督，并对生产制程进行监督，纠正生产制程中出现的影响到产品性能或产品质量的操作的产品质量检测、检验人员。

为了保证班组人员安排的灵活性，必须有目的地进行岗位轮换，使每个班组成员尽可能掌握和胜任班组内所有岗位工作。班组长作为班组管理的主体，要以身作则，做好表率，其他班组成员要积极配合班组长完成班组各项工作。班组组织机构一般以班组组织机构图的形式表示，如图 1-2 所示。

4. 班组园地

班组园地是班组向外界、员工宣传的一个重要窗口。班组园地是班组内部组织学习、召开会议的场所，是班组成员休息和交流的场所，是班组成员培训和开展管理工作的场所，是展示工作目标、工作进展、工作成果的场所，是开展其他现场活动的聚焦点，是营造班组成员精神和团队意识的场所，也是企业文化的一个缩影。

随着企业发展、班组建设的进一步完善，班组园地的作用会更大。它是倾听员工声音、挖掘员工才智的园地，也是员工了解企业生产经营状况、交流心得体会、学习新理念、新知识的园地。

班组园地包含有班组桌椅、班组资料柜（文件柜）、班组杂物箱和班组目视板。班组园地示意图如图 1-3 所示。

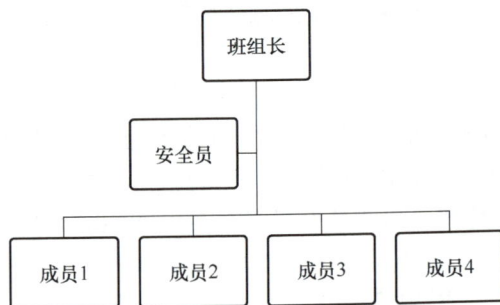

图 1-2　班组组织机构图示例

图 1-3　班组园地示意图

在企业生产现场，班组目视板上布置有很多班组文件。班组文件至少包含有组织机构图、考勤记录表和员工多技能素质表。班组安全自检表、设备点检表、改进措施表、合理化建议汇总表等可以存放在班组资料柜中，不用展示。

5. 班组会

班组会是一个有组织的集体讨论，旨在改进班组运营，确定工作目标，解决工作中出现的问题。在企业生产现场，班组会是保证协同工作和业务持续发展的重要手段。

班组会包含班前会和班后会。班前会是在每天工作前，由班组长组织召开的班组会。会议主要内容是考勤（缺员时进行人员调配），布置工作任务，提供前一天的质量信息及其他有关班组一天工作的事宜，及时进行上情下达；重点是强调班组安全事项，部署全天工作，并组织班前喊话。班后会是一天工作结束或告一段落，在下班前由班组长主持召开的一次班组会。班后会以讲评的方式，在总结、检查生产任务的同时，总结、检查安全工作，并提出整改意见。

班前会是班后会的前提和基础，班后会是班前会的继续和发展。应认真开好班前会和班后会，并将安全工作列为班前会、班后会的重点内容，做到一日安全工作程序化，即班前布置安全、班后检查安全。

经验证明，班前会、班后会的成效是班组安全管理水平的一个显著标志，对于防止事故发生有重要作用。

班前会是企业基层管理的重要组成部分，是班组长布置工作任务，向下属传达上级意见等的主要途径。组织召开班前会是班组长每天必做的工作之一。

（1）班前会的召开目的　班前会的召开目的是营造良好的工作气氛，明确工作安排，进行员工安全教育和指导，传达企业信息。

（2）班前会的召开流程

召开班前会

1）点名考勤。一般采取全体班组成员围成一圈（或站成一排），班组长面对全体员工的形式。

2）班前检查。检查工作服穿着是否符合要求；检查安全帽、安全带、防护眼镜等防护用品是否佩戴正确；检查员工精神状态：有身体不适、情绪波动等不利于工作的状态，要及时进行沟通了解，进行安抚或进行人员调配。

3）布置工作。班组长说明上一班组生产任务进度及现场存在的隐患，并说明本班组生产任务，布置安全措施，交代注意事项等。

4）班前喊话。班前喊话能促进班组作业人员熟悉安全操作规程，消除和控制劳动过程中的不安全行为，预防各类事故发生，确保作业人员的安全，并振奋班组士气。

常用的班前安全喊话内容有：

① 隐患就是伤害。

② 操作规程血写成，不必用血去验证。

③ 洞察事先，防患未然。

④ 安全装心中，生命有保证。

⑤ 安全就是责任，尽职就是守纪。

⑥ 安全相伴，因为亲人在盼。

⑦ 上岗之前勤检查，劳保用品穿戴全。

⑧ 安全第一，预防为主。

⑨ 生产再忙，安全不忘。

⑩ 安全来于警惕，事故出在麻痹。

⑪ 事故不难防，重在守规章。

⑫ 不违章作业，不违章指挥，不违反劳动纪律。

二、班组管理

1. 班组管理的定义

班组管理是指为完成班组生产任务而必须做好的各项管理活动，即充分发挥全班组人员的主观能动性和生产积极性，团结协作，合理组织生产要素，利用各种信息，实现按质、按量、如期、安全地完成上级下达的各项生产任务指标。

通过班组管理，可以充分调动班组员工的积极性、发挥员工的智慧和创造力，为企业培养人才，提高工作满意度以及企业竞争力，保证不断实现企业目标。班组的现场管理水平是企业的形象、管理水平和精神面貌的综合反映，是衡量企业素质及管理水平高低的重要标志。

2. 班组管理的任务

（1）安全管理　安全是现场管理的前提，现场管理的目标只有在满足安全的情况下达成才是有效的。生产的损失是可以挽回的，安全是关系到人的生命的最重要的事情，是不可逆的。因此，在现场中要把危险从员工身边消除，让员工在安全的状态下工作。

（2）质量管理　现场是生产产品的场所，产品是制造出来的，制造过程的质量渗透在作业中，因此，要在作业中保证和确认质量。

（3）生产管理　班组每天都会接受生产任务，而生产的数量就是客户订购的数量。在适当的时间将产品交给客户是非常重要的。因此，在规定的时间、用规定的人数、生产出规定数量的产品，就是生产管理的关注点。

（4）设备管理　设备管理是保证企业进行生产和再生产的物质基础。设备的运行效率是保障企业经济效益、产品质量的根本。班组设备管理的好坏直接影响设备的正常运转和使用寿命。准确地操作设备，维持零故障地生产，可以确保生产正常进行，提高设备效益，为企业带来经济价值。

（5）成本管理　企业一个重要的关注指标是利润，提高价格、增加销售量、降低成本都是获取利润的方法。其中，制造成本是由制造方法决定的，所以在班组中全员要建立成本意识，消除浪费，不断改善，为企业的长远利益而努力。

（6）人员管理　人是班组管理各个要素中最活跃的，班组所有的管理都要通过人去实施。班组管理的核心要素是人员管理。人员管理就是要调动人的积极性，构筑和谐的班组关系，激发人的士气，把班组打造成为一个高绩效的团队。

三、班组现场管理模式

1. 现场安全管理

现场安全管理可以消除隐患、预防事故、保证生产、减少损失。通过现场安全管理活动，可使员工树立"安全第一"的意识。

2. 零缺陷质量管理

零缺陷质量是产品质量的完美表现，是质量管理的要求和目标。零缺陷质量是一种不容忍缺陷的心态，是一种第一次就把事情做对的追求。

3. 现场 5S 管理

现场 5S 管理活动是管理生产现场的重要手段。通过整理、整顿、清扫、清洁、素养

班组管理

活动，消除生产作业现场各种不利因素和行为，提高生产作业效率，保证生产任务顺利完成。

4. 现场标准作业

现场标准作业是以现场安全生产、技术活动的全过程及其要素为主要内容，按照安全生产的客观规律与要求，制订作业程序标准和贯彻标准的一种有组织活动。

5. 现场成本管理

现场成本管理是企业控制成本、节能降耗、提质增效的重要组成部分。在企业成本管理活动中，班组起到承上启下的桥梁枢纽和组织落实作用。班组成本管理是企业成本管理最基础、最直接，也是最有效的途径。

【知识拓展】 ▶

"五精"工作法让班组"信得过"

有一个班组焊接了数千万个焊点、数千万根导线，无一疵瑕，取得"产品一次交验合格率100%、不良率为0"的骄人业绩，相继获得"全国质量信得过班组""全国五一巾帼标兵岗"等19项荣誉。

这就是由23名成员组成的中国兵器集团江南公司五分厂054车间焊线班组，主要承担公司导弹总装电路焊线工作。焊线对交付"好用、管用、耐用、实用"的武器装备起着极其重要的作用。该班组在工作中提炼出"五精"工作法——产品质量精益求精，"五小"创新精巧简洁，技术技能精进共享，生产进度精准均衡，班组管理精细温馨。

焊线工艺非常复杂，容易出错，稍有不慎就会导致产品质量问题。班组成员开动脑筋，将多年积累的焊线经验巧妙融入焊线工序中，将焊线工序简化成直观、易懂的图表形式，再配上必要的注意事项说明。这一举措经工艺技术人员进一步细化、改进，制成一张张工艺卡片，一目了然。现在该方法已经广泛应用于公司所有焊线班组，有效提升了产品质量和生产效率。生产优化一小步，提质增效一大步。

课后调研：请通过阅读书籍或者互联网搜索，调研一个为中国汽车工业发展做出贡献的优秀班组事迹，并与同学分享。

【任务实施】 ▶

小贴士：

一个高效的班组不仅可以提高工作效率，还可以降低企业生产成本。请秉持认真负责的工作态度，严格按照生产现场班组管理知识完成任务实施内容。

任务准备

1）知识：班组知识。

2）知识：班组管理知识。

注意事项

1）分析过程中，要对班组知识中的班组组织机构、班组园地、班组会知识考虑全面、周到，不能漏项。

2）完成任务过程中，一定要积极沟通、团队合作，高效完成班组任务。

任务实施内容

根据教师指导和所学知识，完成任务实施内容，并记录完成过程。

任务实施流程		
序号	步骤	主要任务内容
1	班组组建	1）由班长组织全班同学分成若干班组（建议 5~6 人一组，便于课程学习与技能培养） 说明：本次分组完成后，后续内容学习全部采用本次分组结果，模拟企业"班组"采用小组合作式学习形式教学 2）各班组分别选举本班组的班组长、安全员、质检员，绘制班组组织机构图 3）拟定班组口号，制作班组标志及组牌，解释班组口号和班组标志（logo）的寓意
2	班组文件制作	1）制作并绘制班组考勤记录表 2）制作并绘制员工多技能素质表
3	召开班前会	各"班组"按班前会召开流程，模拟组织召开班前会 ①点名考勤 ②班前检查 ③布置工作 ④班前喊话

（续）

序号	步骤		主要任务内容
4	班组任务分析	现场管理的各项目标的达成都要依靠人员来完成。从案例可知，要想做好班组团队建设，必需要做好＿＿＿＿＿＿管理	案例：李××是某班组的一名老员工，技能水平相当高，他平时不爱说话，但是只要一说话就是牢骚话，对团队的士气影响很大。班组长试图改变他，不是靠一次谈话就能解决的。要在平时不断地进行沟通，经常地沟通才能得到李××的信任，才能了解他的真实想法，进而解决问题，做好班组团队建设工作
		班组是企业安全管理的主战场，是企业安全的第一道防线。从案例可知，班组一定要做好＿＿＿＿＿＿管理	案例：2021年9月1日施行新修订的《中华人民共和国安全生产法》，总则第三条阐述："安全生产工作应当以人为本，坚持人民至上、生命至上，把保护人民生命安全摆在首位，树牢安全发展理念，坚持'安全第一、预防为主、综合治理'的方针，从源头上防范化解重大安全风险。"
		案例说明一线的班组成员最熟悉设备、最贴近设备，也能在第一时间发现设备出现故障的征兆。所以，班组一定要做好＿＿＿＿＿＿管理	案例：小庞是一家生产汽车铸件合资企业的基层班组长。在刚刚完成合资时，企业特意选派10名一线班组长到国外相关工厂学习，小庞幸运地被选中前往学习。小庞有一天在工位干活时，不费力地帮助他们修好了一台他们长久没能修好的专用机床。原因是小庞他们工厂也有这种设备，而且经常出现故障，小庞早就摸透维修方法了
5	效果确认	1）已经掌握班组组建流程 以上效果是否实现：□是　□否 2）会组织召开班前会 以上效果是否实现：□是　□否	

【评价反馈】

学生小组内合理分工，完成任务实施后，结合个人、小组在课堂中的实际表现进行总结与反思。

评价项目	评价标准	分值	得分
知识准备	熟知班组知识	10	
	掌握班前会的召开流程	10	
知识拓展	养成自主学习、认真分析的习惯，树立良好职业理念	20	
任务实施	小组成员积极配合，做到分班组无异议	10	
	小组人员商讨、绘制班组组织机构图	10	
	小组人员商讨拟定班组口号	10	
	小组人员共同制作班组文件	10	
综合表现	能与班组成员团结合作、积极讨论、严谨认真地完成学习活动，具备严谨、规范的工作作风	20	
合计		100	

考核成绩：＿＿＿＿＿　　　　　　　　　　教师签字：＿＿＿＿＿

日期：　　年　　月　　日

【课后测评】

1. 简述班组管理的任务。
2. 简述汽车企业班组管理的意义。

任务3 认识生产现场数智化管理

【任务描述】

在电动化、智能化、网联化、共享化"新四化"发展趋势下，汽车行业正在进行从"制造"到"智造"、由"汽车大国"向"汽车强国"的转型变革。数智化管理是提高效率和实现创新的方式，是助力汽车行业数字化转型与智能升级的有效手段。对于汽车制造人员，掌握生产现场数智化管理知识非常必要。

【任务目标】

素质目标：

1）树立以学增智、勇于创新的理念。
2）增强汽车民族自主品牌创新意识。

知识目标：

1）掌握数智化的含义。
2）明确汽车企业数智化转型的重要性。

能力目标：

1）具备说明生产现场应用数智化思维的能力。
2）具备说明汽车企业数智化转型的重要性的能力。

【任务书】

汽车制造人员在汽车生产现场进行现场作业，需要了解数智化管理知识。高素质技术工人队伍是支撑数智化转型的重要基础，对推动我国经济高质量发展具有重要作用。假设你是一名班组长或班组骨干，请结合数智化知识，与同学积极讨论分析，完成数智化管理分析任务。

【知识准备】

一、数智化的含义

随着数字经济的发展，数智化越来越多地"走入"各种业务与管理场景，成为中国企业新的创新焦点。一定程度上来讲，数智化可以简单理解为"数字化＋智能化"，"数智化"是在数字化基础上的更高的转型发展诉求。

数字化是利用物联网感知技术，实现数据实时采集，由机器完成分析，实现物理世界的在线化；智能化是在计算机网络、大数据、物联网和人工智能等技术的支持下，使系统具有状态感知、实时分析、科学决策、精准执行的能力。

数智化是企业运用新一代数字和智能技术，在数据连接的基础上，通过算力算法驱动大数据、人工智能等信息技术推进企业的转型升级，满足企业以客户运营为中心的个性化需求，实现企业流程效率提升和决策优化，赋能企业可持续发展。

数智化本质就是通过数字化实现智能化，借助数字化模拟人类智能，让智能数字化，进而应用于系统决策与运筹。

二、汽车数智化

随着信息技术和智能制造技术的不断发展，汽车制造业正在经历数字化和智能化转型，汽车数智化已成为汽车行业的重要趋势。

汽车数智化是指通过数字化、智能化、互联化等技术手段，将汽车制造过程数字化，实现研发、生产、销售、售后等各个环节的高效协同，以提升汽车行业的生产效率、产品质量和用户体验。

汽车数智化的发展历程可以分为三个阶段。第一阶段是数字化，即将传统制造过程中的大量纸质文档、手工操作等转化为数字化数据，实现信息化管理和控制。第二阶段是智能化，即将数字化的制造过程进一步智能化，引入信息技术、机器人、自动化设备等智能化手段，实现生产过程的自动化和智能化。第三阶段是互联化，即通过物联网、云计算、大数据等技术手段，实现整个汽车生态系统的互联互通和数据共享。

随着大数据、人工智能、物联网的快速发展，全球汽车数智化市场规模正在不断扩大。总体来说，汽车数智化已经成为汽车行业不可忽视的趋势和发展方向。随着数字化、智能化、互联化和生态化的不断深入，汽车制造业的生产效率、产品质量和用户体验将会得到进一步提升，汽车数智化市场规模也将保持高速增长。

三、汽车新四化

在新一轮科技革命背景下，全球汽车产业正在发生深刻变革，电动化、智能化、网联化、共享化"新四化"已经成为汽车产业的转型趋势。

电动化指的是车辆动力系统领域的电动化，即采用电力驱动系统代替传统的内燃机动力系统；智能化指的是无人驾驶或者驾驶辅助系统在车辆上的大量应用；网联化指的是通过将车辆连接到互联网，从而实现车辆的在线化和基于网络的各种服务应用和相应的数据采集；共享化指的是车辆出行的共享。

对中国汽车企业而言，"新四化"意味着机遇与挑战并存，一方面新生代消费者正在成为首次购车主力军，消费习惯与偏好正在发生变化，市场由"以产品为中心"向"以人为中心"转变；另一方面，伴随着"新四化"而来的是技术和商业模式的创新，汽车产业链的各个环节都面临着深刻的变化和严峻的挑战。

在政策和市场的共同作用下，数字化已成为汽车产业转型升级和高质量发展的推进器。随着与5G、云计算、人工智能等新一代信息技术深度融合，汽车产业进入了数字化转型新阶段。

四、汽车企业数智化转型案例

智能化转型是汽车产业甚至制造业转型升级的必由之路，它的完善将会导致中国汽车产业市场重构。中国一汽作为我国汽车产业的主力军，高度重视数字化转型发展。

1. 一汽红旗：数智化用户运营体系引领加速发展

一汽红旗将数字化技术与品牌发展深度融合，以用户为中心、以数智化为手段、以品牌生态为平台，构建行业领先的数智化营销体系。

（1）精益生产，赋能红旗极致品质　红旗新工厂精益生产随处可见，展现了红旗精益求精、追求完美的不懈努力。

冲压车间采用"干+湿式"双重冲压板料清洗模式，极大提升了冲压件表面质量。

焊装车间是国内最先进的智能化和数字化焊装车间，焊点自动化率为100%，涂胶自动化率为97%。

涂装车间以领先的全车身无遮蔽、多色彩喷涂技术，替代了传统的"遮蔽-喷涂-卸遮蔽"的套色工艺，处于国际领先水平，可以节省原材料、降低投资、减少污染。

总装车间应用了底盘自动合装拧紧、轮胎自动拧紧装配、风窗玻璃自动涂胶装配、智能拧紧系统，保证装配的极致精准。

（2）数字化，助力红旗智能制造　随着科技的不断创新以及信息技术的飞速发展，智能制造、智能工厂是未来发展的必然趋势。红旗新工厂中数字化生产也贯穿始终。

冲压车间采用国际首创的双飞翼式换模，让换模效率提升40%以上，还采用国际首创全自动天车，可实现换模过程全套自动化，全过程无人干预，使换模效率再提升20%。冲压车间首创了冲压产品身份识别和二维码打刻，结合整车VIN，通过全生产过程数字化管理和智能化分析，做到冲压单件的精准追溯，解决了冲压产品先进先出难、质量异常追溯难的业内难题。冲压产品身份识别如图1-4所示。

红旗工厂H总装车间的数字化转型更为领先，智能化工位占到全部工位数量的80%以上，而且已成为国内首个"全无人配送"车间。和传统的汽车总装生产线不一样，H总装车间没有忙碌的叉车，而是被近200辆各种型号的自动导引车（AGV）取代。AGV如图1-5所示。

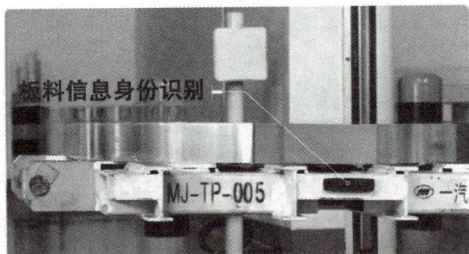

图1-4　冲压产品身份识别

图1-5　AGV

AGV沿着地面上33条灰色磁条按程序设定轨迹行走，车上装有红旗汽车各种类型的配件。从零部件到整车，AGV自动物流系统将汽车装配的各个环节所需物料精准配送，节省了大量人力。这条全线AGV自动物流系统采取射频识别技术（RFID），自动识别物料配送位置，同时能够自动识别前方行人并进行减速或避让，真正做到智能物流。

2. 一汽 - 大众："以用户为中心"的数智化转型

2017年，一汽 - 大众打破了传统生产方式，开启了数字化变革，利用数字化技术提升企业内部的部门沟通，提升各职能部门的工作效率。

2021 年，一汽 - 大众精简了传统业务组织机构，成立了数字化转型办公室（DTO），并与华为、阿里展开合作，加强数字化人才储备。同时，一汽 - 大众以用户为中心，重构端到端的业务流程，落地了多个数字化项目，覆盖营销、生产、产品、采购、质保、财务、人事等关键流程区域。以大众质保体系为例，一汽 - 大众在采购、生产等领域以聚焦数字化转型为目标，启动 Go Digital 智慧工厂项目，统筹管理制造领域数字化转型升级，通过打造先导车间模式，实现五大生产基地从传统生产向高度灵活、数字互联、持续学习的生态系统进行智慧转变，最终实现提高设备开动率、减少备品备件费用、降低能源消耗、提升人员效率等目标。

2022 年，一汽 - 大众全面开启数智化转型 2.0 阶段，秉持"以用户为中心，以数智化为驱动"的发展理念，致力于不断满足消费者对美好出行的向往。基于此，一汽 - 大众全新开发了以数据为驱动的全链路、全场景、全域的用户营销体系——"iCode 五精模型"，用数字化手段将精准营销提升至了新的高度。

【知识拓展】

数智化转型赋能制造业高质量发展

党的二十大报告提出："加快发展数字经济，促进数字经济和实体经济深度融合，打造具有国际竞争力的数字产业集群。"广东格兰仕很好地践行了这一精神。

吊挂系统、监测系统有序前行，AGV 自主穿梭，流水线上机械臂挥舞翻转；屏幕中记录产品信息的数字不断跳动……

这是广东格兰仕 4.0 数智化基地柔性化生产线，一个充满活力的数智化世界扑面而来：每条生产线有 17 个机器人，每 6.7s 就能下线一台微波炉腔体，生产线由计算机数字化控制，可以瞬间切换不同的产品生产模式。

近年来，格兰仕抓住互联网机遇，探索数字化转型，自主研发了供应链系统供应商协同平台、制造执行系统等。在这个过程中，格兰仕通过数字赋能打通产业链的所有环节。一台微波炉从接到市场订单到完成生产，过去需要超过 20 天，现在流程可以缩短到 7 天，劳动效率提升了 40%，订单交付期缩短了 67%。

课后调研：请通过阅读书籍或者互联网搜索，调研一个汽车行业数智化转型取得阶段性成果的企业案例，并与同学分享。

【任务实施】

小贴士：

汽车产业正在经历由传统工业时代向数字时代的巨变，加快建设制造强国、汽车强国，数智化是关键一环。请秉持"以学增智、勇于创新"的工作态度，严格按照数智化管理知识完成任务实施内容。

任务准备

知识：数智化、汽车"新四化"。

注意事项

1）分析数智化案例时，将汽车"新四化"知识活学活用，认真分析。

2）任务分析过程中，要从汽车制造数智化转型升级的角度分析问题。

任务实施内容

根据教师指导和所学知识，完成任务实施内容，并记录完成过程。

任务实施流程			
序号	步骤		主要任务内容
1	数智化案例分析	一汽红旗繁荣工厂实现了汽车"新四化"中的_____，因为_____	车企案例：一汽红旗。一汽红旗繁荣工厂是红旗打造的高效、稳定生产的少人化工厂，目前综合水平实现国内领先。具备高效自动化生产作业的红旗繁荣工厂，全面采用机器人自动装配技术，共布置了14条自动生产线，焊装点焊自动化率为100%，涂胶自动化率为97%，总装自动化率为30%，年产能可达10万辆。工厂的生产管理信息系统是整个工厂信息处理、监视和控制的中心机构。工厂通过装配和检测全过程的质量特性采集，进行智能分析及AI辅助决策，大幅提升生产环节各类问题的解决效率。系统通过50万个数据采集点，在整个生产线上进行全面地大数据采集，包括抓取冲压、焊装、涂装和总装环节共计31类数据，尤其是关键工艺特性参数实现100%采集率，是目前国内先进的自研系统
		长城汽车实现了汽车"新四化"中的_____，因为_____	车企案例：长城汽车。为应对新产品爆发式增长，长城汽车生产技术开发中心将产品研发、工厂规划、工艺设计融为一体，通过AI技术智能嵌入设计全过程，并构建全业务流程虚拟仿真验证环境，打造集设计、仿真、虚拟调试于一体的"数字化工艺开发平台"，实现了设计经验全球化共享，产品、工厂、工艺同步设计，助推新产品快速上市
		比亚迪汽车实现了汽车"新四化"中的_____，因为_____	车企案例：比亚迪汽车。2022年4月，比亚迪宣布停产燃油汽车，全力进攻新能源领域，专注纯电动和插电式混合动力技术。2022年5月，腾势品牌首款车型腾势D9正式开启预售。比亚迪在电动化方向上已经实现垂直整合、深度布局
		吉利汽车实现了汽车"新四化"中的_____，因为_____	车企案例：吉利汽车。吉利汽车部分车间内采用智能AGV拣选物料，实现了汽车工厂超市区自动化物流"收、发、存"，通过"货到人"智能仓库管理系统（Intelligence Warehouse Management System，IWMS）和吉利物流执行系统（Geely Logistics Execution System，GLES）建立接口，实现数据互通，做到实时反馈、智能运维。以箱二维码承载和传递物料信息，在服务器高速运算逻辑下，大幅提升物料入库、出库效率。利用二维码导航技术，"货到人"区域出入库准确率达100%，上线后实现整体效率水平提升超过20%。这种方式打破了传统人工拣配物料的方式，实现从"人找货"到"货到人"的模式创新，解决了传统模式的找货难、找货时间长、货物盘点复杂的难题

（续）

序号	步骤	主要任务内容
2	数智化案例搜集	汽车产业作为我国大力发展的先进制造业代表，正在加速向新能源和智能化方向转型升级，这一过程中，出现了一批数智化转型标杆企业。请列举5家数智化转型取得成效的车企名称，及其主要数智化转型手段及取得的效果 1）企业名称：_____ 主要数智化转型手段及取得的效果：_____ _____ _____ _____ _____ 2）企业名称：_____ 主要数智化转型手段及取得的成果：_____ _____ _____ _____ _____ _____ 3）企业名称：_____ 主要数智化转型手段及取得的成果：_____ _____ _____ _____ _____ _____ 4）企业名称：_____ 主要数智化转型手段及取得的成果：_____ _____ _____ _____ _____ _____ 5）企业名称：_____ 主要数智化转型手段及取得的成果： _____ _____ _____ _____
3	效果确认	1）已经理解数字化、智能化和数智化的含义 以上效果是否实现：□是　□否 2）已经领会数智化转型升级是汽车制造企业的必由之路 以上效果是否实现：□是　□否

【评价反馈】

　　学生小组内合理分工，完成任务实施后，结合个人、小组在课堂中的实际表现进行总结与反思。

评价项目	评价标准	分值	得分
知识准备	熟知数智化知识	10	
	理解数智化转型的重要性	10	
知识拓展	养成自主学习、认真分析的习惯，树立良好职业理念	20	
任务实施	小组成员积极讨论，充分讨论后得出结论	15	
	将所学数智化管理知识充分运用到任务分析中	15	
	效果确认环节，如果目标没有实现，要进行复习巩固	10	
综合表现	能与小组成员团结合作、积极讨论、严谨认真地完成学习活动，具备严谨、规范的工作作风	20	
合计		100	

考核成绩：＿＿＿＿＿＿＿＿＿　　　　　　　　　　　　教师签字：＿＿＿＿＿＿＿＿＿

日期：　　年　　月　　日

【课后测评】

1. 简述汽车企业数智化转型的重要性。
2. 列举采用数智化管理的汽车企业名称。

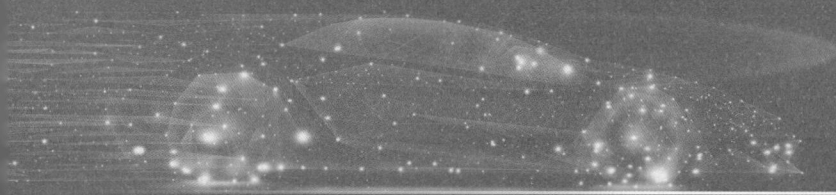

项目 2

现场安全管理

任务 4　认识安全管理

【任务描述】

　　安全是现场管理的前提，现场管理的目标在满足安全的情况下达成才有效。现场安全是生产的基础，在所有的事物处理中，都要树立"安全第一"的理念，避免事故及伤害发生。掌握安全管理知识，会进行事故发生的原因分析，并进行事故的预防与控制，是汽车制造人员必须掌握的职业技能。

【任务目标】

素质目标：

1）培养安全意识，强化安全至上的工作理念。
2）增强责任意识，强化认真负责的工作态度。

知识目标：

1）掌握事故的定义及引发事故的基本要素。
2）掌握事故的预防与控制方法。

能力目标：

1）具备准确分析事故发生原因的能力。
2）具备预防与控制事故发生的能力。

【任务书】

　　××汽车制造企业冲压车间曾发生一起重伤事故，事故导致一名员工的右手拇指、食指被切掉。假如你是该企业××车间××班组的班组长，请根据事故发生情况，带领班组成员分析事故发生的原因，并研讨制订事故预防与控制措施，避免同类事故再次发生，为企业的安全生产做出贡献。

【知识准备】

一、安全基础知识

1. 安全概述

安全被定义为不发生导致死伤、职业病、设备或财产损失的状况。

生产过程中的安全是指人不受到伤害，物不受到损失。安全是所有工作的入口和基础。保障安全是为自己、为家人、为企业和为社会，即为了员工的身体健康，为了家人的安心、家庭的幸福，为了稳定良好的产品质量、更多的市场机会，以及为了企业良好的社会声誉和形象。

2. 危险概述

危险是指导致意外损失发生的灾害事故的不确定性。危险产生的根源包括人的不安全行为、物的不安全状态、环境的不安全条件和管理缺陷。

（1）人的不安全行为　人的不安全行为主要表现：

1）违章指挥，如指挥者在安全防护设施、设备有缺陷，以及隐患未排除的情况下，指挥员工冒险作业；指派身体健康状况不适应本工种要求的员工上岗操作等。

2）违章作业，如操作无依据，没有安全指令，不按安全规程作业标准进行操作；人为地使安全装置无效；冒险进入危险场所等。

3）违反劳动纪律，如在班不在岗；酒后上岗、值班中饮酒；在工作时间内从事与本职工作无关的活动等。

4）误操作和误处理，如忽视警告，操作错误；误操作有缺陷的工具；对易燃易爆物品做错误的处理等。

5）未使用或未正确使用个人劳动防护用品、用具等，如用手代替工具操作；使用不安全设备作业。

6）疲劳工作。人在疲劳状态下工作，会造成注意力不集中、出错现象发生。如果连续工作超过24h，可能导致设备操作错误。

人的不安全行为的前3条表现，即违章指挥、违章作业和违反劳动纪律，称为"三违"。反"三违"是班组安全生产工作的重中之重，是遏制事故强有力的措施之一。

（2）物的不安全状态　物的不安全状态主要表现：

1）设施、设备、工具的结构不合理，工程设计有缺陷，材料的强度不够，材质不符合设计要求。

2）设施、设备、工具的磨损和老化；设备失修、带"病"运行。

3）原材料、辅助材料、半成品、成品等混放。

4）缺少安全装置（保护、保险、信号装置等）或者安全装置有缺陷。

5）生产现场缺乏个人劳动防护用品、用具，或者防护用品、用具有缺陷。

6）吊挂、加固、安装、焊接等不牢固。

（3）环境的不安全条件　环境的不安全条件主要表现：

1）不整洁的工作环境，噪声、烟雾、粉尘、震动、高温等。

2）生产现场无安全标识设置，或标识不清晰、不全、有错误。

3）随意丢放地面的杂物、垃圾，被堵塞的安全通道。

4）照明不良、生产场地狭小、通风不好。

5）多工种交叉作业，指挥无序，相互干扰。

（4）管理缺陷　管理缺陷主要表现：

1）安全管理不科学，安全制度不健全，安全生产责任制不明确等。

2）安全工作流于形式，安全措施不切实可行，不认真贯彻执行安全生产方针。

3）对现场缺乏监控，安全跟踪管理不到位，对现场缺少实时了解。

4）安全教育和培训不足，对新员工的安全教育不落实。

5）工作中经常出现违章违纪现象，不管理，监督不力。

6）没有应急救援措施，没有解决安全隐患问题。

以上 4 个危险产生的根源也是引发事故的基本要素，4 个基本要素加在一起就必然会构成一个事故。在各种安全事故的原因构成中，人的不安全行为和物的不安全状态是造成事故的直接原因，占到 95% 左右。

实践证明，当人的不安全行为和物的不安全状态在一定时空发生交叉时，就是安全事故的触发点。现代安全管理的核心就是消除和控制人的不安全行为和物的不安全状态。

3. 事故概述

事故概述

（1）事故的定义　事故是发生于预期之外的造成人身伤害或财产经济损失的事件。在事故的种种定义中，伯克霍夫（Berckhoff）的定义较著名。伯克霍夫认为，事故是人（个人或集体）在为实现某种意图而进行的活动过程中，突然发生的、违反人的意志的、迫使活动暂时或永久停止或迫使之前存续的状态发生暂时或永久性改变的事件。此外，还包括一种事件，就是只是发生了一件事情，没有造成损失，但是会带来一定的隐患。

（2）事故的类型　GB 6441—1986《企业职工伤亡事故分类》规定，事故分为 20 大类。其中 7 种事故类型是汽车生产现场经常发生的事故，它们是物体打击、车辆伤害、机械伤害、起重伤害、触电、灼烫、高处坠落。

① 物体打击。它指物体在重力或其他外力的作用下产生运动，打击人体，造成人身伤亡事故，不包括因机械设备、车辆、起重机械、坍塌等引发的物体打击。

② 车辆伤害。它指企业机动车辆在行驶中引起的人体坠落和物体倒塌、下落、挤压伤亡事故，不包括起重设备提升、牵引车辆和车辆停驶时发生的事故。

③ 机械伤害。它指机械设备运动（静止）部件、工具、加工件直接与人体接触引起的夹击、碰撞、剪切、卷入、绞、碾、割、刺等伤害，不包括车辆、起重机械引起的机械伤害。

④ 起重伤害。它指各种起重作业（包括起重机安装、检修、试验）中发生的挤压、坠落、物体（吊具、吊重）打击和触电。

⑤ 触电。它包括雷击伤亡事故。

⑥ 灼烫。它指火焰烧伤、高温物体烫伤、化学灼伤（酸、碱、盐、有机物引起的体内、外灼伤）、物理灼伤（光、放射性物质引起的体内、外灼伤），不包括电灼伤和火灾引起的烧伤。

⑦ 高处坠落。它指在高处作业中发生坠落造成的伤亡事故，不包括触电坠落事故。

我们要会对这 7 类事故进行原因分析，并有针对性地进行预防。

二、事故的预防与控制

1. 事故预防 3E 原则

事故的发生是有许多相互关联的事件相继发生的结果，事故具有一定统计性，事故是可以认知的，事故也是可以预防和控制的。安全生产管理工作应"预防为主"。

事故的预防与控制

事故预防具有 3E 原则，指通过采用工程技术、教育培训、强制管理的手段，使事故不发生，或者事故发生后不造成严重后果和使损失尽可能地减小。因为工程技术（Engineering）、教育培训（Education）、强制管理（Enforcement）3 个单词的第一个字母都是 E，所以称为 3E 原则。

（1）工程技术（Engineering）原则　从工程技术层面贯彻落实"安全第一，预防为主，综合治理"的安全生产方针。

工程技术原则是运用工程技术手段消除不安全因素，实现工艺、机械设备等生产条件的安全，预防事故的发生，主要包括以下 5 项措施。

① 消除危险源。从根本上防止事故的发生，通过选择合适的工艺技术、设备设施，合理的结构形式，无害、无毒或不能致人伤害的物料等来彻底消除某种危险源。

② 限制能量或危险物质。减少能量或危险物质的量，防止能量蓄积，安全地释放能量等。

③ 隔离。隔离是一种常用的控制能量或危险物质的安全技术措施，既可防止事故的发生，也可防止事故的扩大，减少事故的损失。

④ 故障安全设计。通过设计使系统、设备发生故障或事故时处于低能状态，防止能量的意外释放。

⑤ 减少故障和失误。通过增加安全系数、增加可靠性或设置安全监控系统等来减轻物的不安全状态，减少物的故障或事故的发生。

即使在采取了工程技术措施，减少、控制了不安全因素的情况下，仍然要通过教育、训练和强制手段来规范人的行为，避免不安全行为的发生。

（2）教育培训（Education）原则　利用各种形式的教育和培训，使员工树立"安全第一"的思想，掌握安全生产必需的知识和技能。安全教育是企业安全生产管理的基本制度之一，也是预防和防止事故发生的一项重要对策。根据接受教育的对象的不同，安全教育的种类主要有以下 8 种类型。

① 以新进人员为教育对象的三级安全教育。三级安全教育是国家规定的要求，是企业对新入厂的员工必须坚持的安全基本教育和形式。三级安全教育包括公司级（厂级）安全教育、车间级安全教育和班组级（岗位级）安全教育。公司级安全教育主要介绍安全基础知识、企业安全概况、国家相关法律法规、穿戴劳保用品及企业经典事故案例。车间级安全教育主要介绍车间的概况、安全技术基础知识、车间防火、安全生产文件、安全操作规程。班组级安全教育主要介绍班组概况、可能发生的事故、班组操作规程等。

② 以特种作业人员为教育对象的专门安全教育。

③ 以"五新"人员为教育对象的安全教育。五新是指"新技术、新工艺、新产品、新设备、新材料"，在采用"五新"时，作业人员必须进安全行教育。

④ 以调换工种人员为教育对象的安全教育。

⑤ 以复工人员为教育对象的安全教育。

⑥ 以管理干部为教育对象的安全教育。

⑦ 以安全专业技术人员为教育对象的安全教育。

⑧ 以全体职工为教育对象的全员安全教育。

（3）强制管理（Enforcement）原则　它是指借助规章制度、法规等必要的行政甚至法律的手段约束人们的行为。

强制管理是指生产经营单位通过组织机构，建立健全各级管理人员和生产人员责任制，如管理规章、制度、作业规程等，并认真落实、检查和考核。其中，安全标志使用管理制度，是不同生产企业都采用的重要安全管理制度。该制度当中最重要的内容是安全色、对比色与安全标志。

2. 生产现场安全规则

不同生产企业会根据企业自身工作特点制订很多生产现场安全规则。以下 4 个安全规则能够有效预防汽车生产现场经常发生的7种事故类型，通用性较强，适用于多数汽车制造企业。

（1）穿戴劳保用品 劳保用品是指保护劳动者在生产过程中的人身安全与健康所必备的一种防护性装备，对于减少职业危害起着很重要的作用。穿戴劳保用品是预防事故发生的第一个层次，也是保证安全的最基本要求。

劳保用品按照防护部位不同分为9类：

① 安全帽。它用于保护头部，防撞击、挤压伤害。

② 呼吸护具。它用于预防呼吸疾病，例如尘肺等职业病等。

③ 眼防护具。它用于保护作业人员的眼睛、面部，防止外来伤害。

④ 听力护具。它用于保护听觉，避免噪声过度刺激。

⑤ 防护鞋。它用于保护脚部，主要有防砸鞋、绝缘鞋、防静电鞋、防滑鞋等。

⑥ 防护手套。它用于手部保护，主要有耐酸碱手套、电工绝缘手套、电焊手套等。

⑦ 防护服。它用于保护劳动者免受劳动环境中的物理、化学因素的伤害。

⑧ 防坠落用品。它用于防止坠落事故发生，主要有安全带、安全绳和安全网。

⑨ 护肤用品。它用于外露皮肤的保护。

（2）遵守安全规则 安全规则是以科学为依据，总结前人发生过的事故，它是用鲜血甚至生命换取来的经验和教训。这是预防事故发生的第二个层次，遵守安全规则是思想层面和行为层面的有机结合，即知行合一。

关于遵守安全规则主要介绍以下4条。

1）正确穿戴劳保用品。主要是指正确穿戴上面介绍的9类劳保用品。

2）遵守安全守则。在汽车生产现场，主要要遵守的安全守则是：

① 遵守岗位作业规则，不清楚时请教监督人员或班组长。

② 作业出现不明缓慢、设备故障、听到异常声音或发生异常状态时，呼叫监督人员及班组长，上报情况。同时，在岗位上等候被呼叫人员的到来，实施下一步检查、处理。必要的时候，第一时间停止设备，再上报情况。

③ 身体不舒服或受伤时，随时通知监督人员或班组长，等待他们的安排。

3）注意安全注意点。在不同的工作环境下，安全注意点有所不同。在汽车生产现场行走时，主要要注意以下4点：

① 必须走安全通道。

② 要在警示标志处停留确认情况，确认是否安全，不能贸然前行。

③ 要禁止突然冲出，特别是在视野狭窄的环境中要更加注意。

④ 在深坑处禁止跳跃，因为弹跳力不足或脚底打滑都容易导致掉入深坑。

4）遵守步行五规则。在汽车生产现场行走，要遵循的步行五规则是：

① 步行时走人行通道。

② 多人行走，二人成行，三人成列。

③ 在路口处进行指差确认。

④ 步行时禁止手插口袋。

⑤ 步行时禁止接打电话。

（3）提升安全素养 安全素养是人的安全知识、安全技能与安全意愿的综合。汽车生产现场的"三不伤害"原则：

① 不伤害自己，指员工首先要保护自己的安全和健康。

②不伤害他人，指员工应时刻关心自己的工作伙伴和他人的安全与健康。

③不被他人伤害，指员工应提高自我防护意识，保持警惕，及时发现并报告危险。

（4）进行危险预防　具备危险预防能力，会进行危险预判，提前做好预防，能够有效预防事故的发生。预防事故的根本在于提高自己的安全防范意识和增强自我保护能力；能够积极地、主动地、自觉地去消除作业中的危险因素，克服不安全行为。

汽车生产现场工作人员一旦发生意外事故或急症，或者生产现场发生火灾事故，要掌握相应的急救措施。

3. 安全事故的调查

对所有事故或者险兆事故（没有造成伤害的事件）进行调查，一定要发现根本原因，然后采取有效的措施，防止事故再次发生。

安全事故调查"四不放过"：第一，事故原因没有查清不放过；第二，当事人和员工没有受到教育不放过；第三，没有制订切实可行的预防措施不放过；第四，事故责任人没有受到处理不放过。

安全事故的调查是一个分析问题的过程，现场的管理人员（特别是班组长）如果将"四不放过"做到位，会少很多麻烦。

生产现场的危险与预防

现场急救知识

火灾安全知识

【知识拓展】

徐立平：在刀尖上"跳舞"的大国工匠

党的二十大报告提出："必须坚持科技是第一生产力、人才是第一资源、创新是第一动力。"徐立平是中国航天科技集团公司第四研究院7416厂高级技师，2021年"大国工匠年度人物"。他自1987年入厂以来，一直为导弹固体燃料发动机的火药进行微整形。在火药上动刀，稍有不慎蹭出火花，就可能引起燃烧爆炸。目前，火药整形在全世界都是一个难题，无法完全用机器代替。下刀的力道完全靠工人自己判断，药面精度是否合格直接决定导弹的精准射程。0.5mm是固体发动机药面精度允许的最大误差，而经徐立平之手雕刻出的火药药面误差不超过0.2mm，堪称完美。

为了杜绝安全隐患，徐立平自己设计发明了20多种药面整形刀具，有两种获得国家专利，一种被单位命名为"立平刀"。

课后调研： 请围绕汽车安全生产进行调研，撰写一份汽车安全生产案例故事，并与同学分享。

【任务实施】

小贴士：

安全生产管理工作，对汽车生产企业发展至关重要，必须要加以重视。请秉持安全至上、严谨细致的工作态度，强化安全意识，根据安全基础知识、事故预防与控制知识，分析事故发生的原因，制订事故的预防与控制措施，完成任务实施内容。

任务准备

1）事故案例：×年×月×日，×企业冲压车间安排×班组生产×车型上纵梁冲压件。下午一上班班组长宋××将上线电工王××、上线模修工刘××、实习起重工（实习学生）闫××3人安排到班组的160T压床上。10min后换完模具，调整完毕开始生产，操作情况是闫××负责续料，王××负责取件并按双手按钮，刘××负责把冲压完成的冲压件摆放在箱中。

约2h后，闫××的同学——在其他生产线实习的起重工于××、陈××来到该班组160T压床旁，同闫××说话。说话间，闫××说自己干累了，于××就主动帮忙干起了自己不熟悉的冲压续料工作。工作了约20min，于××在续件过程中手没有及时抽出，王××按下双手按钮后，模具将于××的右手拇指、食指切掉。

2）知识：引发事故的基本要素、事故的预防与控制。

注意事项

1）分析事故发生原因、过程中，要注意分析的全面性，要从引发事故的4个基本要素方面逐一分析。

2）在制订事故预防与控制措施时，要与班组成员充分讨论，根据所学知识确定。

任务实施内容

根据教师指导和所学知识，对事故案例进行事故原因分析，制订事故预防与控制措施，并记录分析、研讨过程。

任务实施流程		
序号	步骤	主要任务内容
1	事故发生原因分析	对事故案例进行原因分析： ① 人的不安全行为 ② 物的不安全状态 ③ 环境的不安全条件

（续）

序号	步骤	主要任务内容
1	事故发生原因分析	④ 管理缺陷
2	事故预防与控制措施制订	事故预防与控制措施的制订： ① 工程技术原则方面 ② 教育培训原则方面 ③ 强制管理原则方面 ④ 遵守安全规则方面 ⑤ 其他方面
3	效果确认	1）会对事故发生原因进行分析 以上效果是否实现：□是　□否 2）会制订事故预防与控制措施 以上效果是否实现：□是　□否

【评价反馈】

班组小组内合理分工，完成任务实施后，结合个人、小组在课堂中的实际表现进行总结与反思。

评价项目	评价标准	分值	得分
知识准备	熟知汽车生产现场经常发生的 7 种事故类型	10	
	理解事故预防 3E 原则	10	
知识拓展	具有安全意识，强化安全至上工作理念	20	
任务实施	事故发生原因分析，完整记录小组讨论相关信息	20	
	事故预防与控制措施的制订，能按照 3E 原则、生产现场安全规则等方面深入讨论，正确填写小组讨论相关信息	20	
综合表现	能与同学团结合作，积极讨论，严谨认真地完成学习活动，具备严谨、规范的工作作风	20	
合计		100	

考核成绩：_____   教师签字：_____

日期：　　年　　月　　日

【课后测评】

1. 请列举某一事故案例，从引发事故的基本要素方面对事故发生原因进行分析，并制订预防与控制措施。

2. 简述事故预防与控制的措施。

任务 5　辨识生产现场危险源

【任务描述】

事故预防的根本在于认识危险、辨识危险源，把一切不安全的因素消除在事故发生之前。对汽车生产现场可能存在的危险源进行辨识，可以在事故发生之前有效预测、评价事故的危险性，先行控制或采取措施消除危险因素，保证生产活动安全、顺利地进行。能够识别危险、消除危险源，是每一位汽车制造人员必须要掌握的一项安全技能。

【任务目标】

▶ 素质目标：

1）增强安全意识，强化社会责任感。

2）养成现场危险源辨识的行为习惯。

知识目标：

1）掌握危险源的定义与分类。
2）掌握危险源辨识的 3 个步骤。
3）了解汽车生产现场的危险源辨识。

能力目标：

1）具备对作业现场进行危险源辨识的能力。
2）具备对作业现场危险源进行风险评价与制订控制措施的能力。

【任务书】

　　汽车相关专业学生在学习汽车构造相关知识时，都需要在汽车实习现场（或实训现场）对汽车进行拆装学习。假如你是该实习现场（或实训现场）的班组长，请根据现场实际情况，结合班组成员自身优势和拆装要求进行合理分工，识别现场的危险源，评价出风险等级，并制订有效的控制措施，以达到有效减少或消除事故发生的目的。

【知识准备】

一、安全生产法

　　《中华人民共和国安全生产法》于 2002 年 6 月 29 日第九届全国人民代表大会常务委员会第二十八次会议通过，自 2002 年 11 月 1 日起施行；2021 年 6 月 10 日第十三届全国人民代表大会常务委员会第二十九次会议《关于修改〈中华人民共和国安全生产法〉的决定》第三次修正，自 2021 年 9 月 1 日起施行。

　　安全生产法中第三条指出："安全生产工作应当以人为本，坚持人民至上、生命至上，把保护人民生命安全摆在首位，树牢安全发展理念，坚持安全第一、预防为主、综合治理的方针，从源头上防范化解重大安全风险。"

　　安全第一，就是在生产过程中把安全放在第一重要的位置上，切实保护劳动者的生命安全和身体健康。

　　预防为主，就是把安全生产工作的关口前移，超前防范，建立预教、预测、预想、预报、预警、预防的递进式、立体化事故隐患预防体系，改善安全状况，预防安全事故。

　　综合治理，是指适应我国安全生产形势的要求，自觉遵循安全生产规律，正视安全生产工作的长期性、艰巨性和复杂性，抓住安全生产工作中的主要矛盾和关键环节，综合运用经济、法律、行政等手段，人管、法治、技防多管齐下，并充分发挥社会、职工、舆论的监督作用，有效解决安全生产领域的问题。

　　要实现"预防为主"，把一切不安全的因素消除在事故发生之前，就要了解生产现场中存在哪些危险因素。要了解生产现场中存在哪些危险因素，就需要学会寻找危险发生的源头——危险源，并学会对危险源进行辨识。

二、危险源

1. 危险源定义

危险源是指可能导致伤害或疾病、财产损失、工作环境破坏或这些情况组合的根源或状态。

危险源既包括不安全的根源，也包括不安全的状态与行为。

2. 危险源要素

危险源由潜在危险性、存在条件和触发因素 3 个要素构成。

危险源的潜在危险性是指一旦触发事故，可能带来的危害程度或损失大小，或者说危险源可能释放的能量强度或危险物质量的大小。

危险源的存在条件是指危险源所处的物理、化学状态和约束条件状态。例如，物质的压力、温度、化学稳定性，盛装压力容器的坚固性，周围环境障碍物等情况。

危险源的触发因素虽然不属于危险源的固有属性，但它是危险源转化为事故的外因，而且每一类型的危险源都有相应的敏感触发因素。例如易燃、易爆物质，热能是其敏感的触发因素；又如压力容器，压力升高是其敏感触发因素。因此，一定的危险源总是与相应的触发因素相关联，在触发因素的作用下，危险源会转化为危险状态，继而可能会转化为事故。

3. 危险源分类

1）根据危险源在事故发生、发展中的作用，把危险源划分为两大类。

第一类危险源是指在生产现场，产生能量的能量源或拥有能量的能量载体，以及载有有害物质的载体，如危险化学品、带电导体、行驶车辆、高温物体等。

第二类危险源是指导致约束、限制能量或有害物质措施（屏障）失效或破坏的各种不安全因素。发生原因包含人的不安全行为、物的不安全状态、环境的不安全条件和管理缺陷 4个方面的因素。一般认为，人的不安全行为和物的不安全状态是造成有害物质或能量意外释放的直接原因。

第一类危险源和第二类危险源总是同时出现的。第一类危险源是事故发生的内因，没有第一类危险源，第二类危险源就无从谈起；第二类危险源是事故发生的外因，没有第二类危险源，第一类危险源就处于相对安全的状态。在事故发生、发展过程中，必然是两类危险源相互依存、相辅相成的结果，也就是内因通过外因的触发导致事故。

第一类危险源在发生事故时，释放出的有害物质或能量会导致人员伤亡或造成财产损失，有害物质的数量和能量强度决定事故的严重程度；第二类危险源（人失误、物故障、环境不良、管理缺陷）出现的难易，决定事故发生的可能性大小。两类危险源共同决定了危险源的危险性。

2）按导致事故发生的原因，危险和有害因素分为 4 类。

根据 GB/T 13861—2022《生产过程危险和有害因素分类与代码》的规定，将生产过程中的危险和有害因素分为 4 类。

第一类是"人的因素"，指在生产活动中，来自人员自身或人为性质的危险和有害因素，包括心理、生理性危险和有害因素，行为性危险和有害因素。

第二类是"物的因素"，指机械、设备、设施、材料等方面存在的危险和有害因素，包括物理性危险和有害因素，化学性危险和有害因素，生物性危险和有害因素。

第三类是"环境因素"，指生产作业环境中的危险和有害因素，包括室内作业场所环境不良，室外作业场地环境不良，地下（含水下）作业环境不良，其他作业环境不良。

第四类是"管理因素"，指管理和管理责任缺失所导致的危险和有害因素，包括职业安全卫生管理机构设置和人员配备不健全，责任制、管理制度不完善或未落实，投入不足，应急管理缺陷，其他管理因素缺陷。

三、危险源辨识

危险源辨识

1. 危险源辨识的定义

危险源辨识是识别危险源的存在并确定其特性的过程。

危险源辨识不但包括对危险源的识别，而且必须对其性质加以判断。通过风险评价评价出危险源的危险等级，根据等级的不同采取不同的措施进行有效控制，充分地处理存在的危险源，能够将重大事故发生概率降至最低。

2. 危险源辨识的步骤

危险源辨识包含识别危险源、风险评价和风险控制3个步骤。

（1）识别危险源

① 识别出作业活动，并进行工作分解，分解到最小单元工序，详细分类、记录。

② 识别出每项作业工序可能发生的事故类型（依据GB 6441—1986《企业职工伤亡事故分类》识别）。

③ 针对识别出的每项事故类型，按"物、人、环境"3个要素进行分析，辨识出可能造成此类事故的危险源，并详细记录，填写危险源分析表。

汽车总装车间发动机和副车架吊装作业的危险源分析表见表2-1。

表2-1　汽车总装车间发动机和副车架吊装作业的危险源分析表

作业活动	作业工序	事故类型	危险源（危险和有害因素）			
			序号	物	人	环境
汽车总装车间发动机和副车架吊装作业	安全检查	起重伤害	1			吊车工作空间狭小
	吊装前准备		2		吊装点位标记错误	
	开始吊装		3		操作者之间配合失误	
	固定位置		4		违章操作（按错按钮）	
	结束吊装		5	吊车故障（吊钩或吊绳折断）		

（2）风险评价　风险是发生危险事件或有害暴露的可能性，与随之引发的人身伤害或健康损害的严重性的组合。风险评价是对危险源导致的风险进行评估、对现有控制措施的充分性加以考虑以及对风险是否可接受予以确定的过程。

风险评价采用的评价方法是作业条件危险性评价法（LEC评价法）。

LEC评价法是对具有潜在危险性作业环境中的危险源进行半定量安全评价的方法。即对已识别的危险源可能发生事故的风险大小和发生事故的后果严重性进行分析和评价，确定每个危险源的风险等级（危险程度）。

该方法用 3 种因素指标值的乘积来评价操作人员伤亡风险大小，这 3 种因素分别是：

L（Likelihood）——事故发生的可能性大小。

E（Exposure）——人暴露于危险环境中的频繁程度。

C（Consequence）—— 一旦发生事故会造成的损失后果。

给 3 种因素的不同等级分别确定不同的分值，再以 3 个分值的乘积 D（Danger，危险性）来评价作业条件危险性的大小，即：$D = L \times E \times C$。

D 代表风险值，D 值越大，说明该系统危险性越大，需要增加安全措施或改变发生事故的可能性，或减少人体暴露于危险环境中的频繁程度，或减轻事故损失，直至调整到允许范围内。

3 种因素、危险性大小 D 的取值与代表结果见表 2-2~ 表 2-5。

表 2-2　事故发生的可能性（L）

L 值	事故发生的可能性
10	完全可能预料
6	相当可能
3	可能，但不经常
1	可能性小，完全意外
0.5	很不可能，可以设想
0.2	极不可能
0.1	实际不可能

表 2-3　人暴露于危险环境中的频繁程度（E）

E 值	人暴露于危险环境中的频繁程度
10	连续暴露
6	每天工作时间暴露
3	每周 1 次或偶然暴露
2	每月 1 次暴露
1	每年几次暴露
0.5	非常罕见暴露

表 2-4　事故发生可能出现的后果（C）

C 值	事故发生可能出现的后果
100	大灾难，死亡 10 人以上
40	灾难，死亡 3~9 人
15	非常严重，死亡 1~2 人

（续）

C 值	事故发生可能出现的后果
7	严重，多人中毒或重伤
3	重大伤残，至少1人致残
1	引人注意，轻伤

表 2-5 危险性大小（D）

D 值	危险程度	风险等级	对应管控层级
>320	极其风险，不能继续作业	一级	厂级
160~320	高度风险，要立即整改	二级	车间
70~160	显著风险，需要整改	三级	班组
20~70	一般风险，需要注意	四级	岗位
<20	稍有风险，可以接受	五级	岗位
说明：一级、二级、三级风险均属于不可容许风险，三级以上的风险针对具体的项目应制订应急预案并定期演习			

汽车总装车间发动机和副车架吊装作业采用 LEC 评价法的风险评价结果见表 2-6。

表 2-6 风险评价表

作业活动	作业工序	事故类型	危险源（危险和有害因素）				风险评价				
			序号	物	人	环境	L 值	E 值	C 值	D 值	风险等级
汽车总装车间发动机和副车架吊装作业	安全检查	起重伤害	1			吊车工作空间狭小	3	6	3	54	四级
	吊装前准备		2		吊装点位标记错误		3	6	3	54	四级
	开始吊装		3		操作者之间配合失误		3	6	3	54	四级
	固定位置		4		违章操作（按错按钮）		1	6	3	18	五级
	结束吊装		5	吊车故障（吊钩或吊绳折断）			0.5	6	15	45	四级

（3）风险控制

1）各等级风险需要采取的控制措施包括：

①对员工进行教育培训。

②制订目标并执行管理方案，实施整改。

③制订执行管理规定。

④制订应急预案。

⑤发放并使用防护用品。

⑥ 其他。

2）在确定控制措施或考虑变更现有控制措施时，应按如下顺序考虑降低风险：

① 消除——停止使用有害物料、不安全的操作工艺。

② 替代——以低危害物料取代高危害物料。

③ 工程控制措施——通风，采用防护罩、隔音墙等。

④ 管理控制措施——标示、警告、安全操作、工作许可、监督、培训等。

⑤ 个人防护用品——佩戴防护眼镜、听力保护器、面罩、口罩、安全带等。

⑥ 紧急应变措施、危险预知训练等。

危险源的风险等级确定后，按照"消除风险、降低风险、进行防护"的原则，确定每个危险源的控制措施，并详细记录，填写危险源风险评价与控制措施表（表2-7），对作业活动、作业工序、事故类型、危险源、风险评价、风险等级、控制措施等信息进行汇总。

表 2-7　危险源风险评价与控制措施表

作业活动	作业工序	事故类型	危险源				风险评价					现有控制措施	控制措施					
			序号	物	人	环境	L值	E值	C值	D值	风险等级		运行控制	目标方案	检查监测	培训教育	应急措施	其他

四、汽车生产现场的危险源辨识

汽车的冲压、焊装、涂装和总装等生产现场都存在着危险源，需要进行辨识。

1. 冲压生产现场的危险源辨识

现在的冲压车间机械化和自动化程度较高，与以往相比，不仅提高了劳动生产率，而且保证了人身安全。但是，冲压作业的动作频率高，又多数是薄板加工，所以冲压过程中难免会发生伤人事件。冲压车间可能存在的危险源可以分为以下几类。

（1）机械伤害　压力机在冲压薄板件的过程中，可能会产生少量的碎屑飞溅，如果作业人员距离防护栅栏太近或者防护不当，可能会造成人员伤害；少量冲压件可能需要进行手工选料剪切，在剪切过程中，若误操作或防护不当，容易发生剪切设备伤人事故。

（2）触电伤害　压力机和机械手等电气设备在检修调试过程中，若违章操作、防护不当可能发生触电事故；另外，冲压车间配电间、变电间可能会发生触电事故。

（3）物体打击　在搬运和堆垛冲压件过程中，若重心失稳或者防护不当，可能会造成物体打击伤害。压力机及其机械手设备较高，在检修过程中可能会进行高空作业，若防护不当可能会引发高处坠落。

汽车生产现场的危险源辨识

（4）噪声、振动伤害　压力机在冲压过程中产生较大的噪声，如果作业人员未戴防护耳塞可能会引起听觉损伤；冲压过程中产生的振动是巨大的，如果作业人员长期在振动环境下工作会产生职业病。

（5）其他伤害　冲压模具若自身有故障或其他缺陷，可能会引发压力机及其附属部件对人造成危害，因此模具对操作人员的安全有一定影响；冲压件多为薄板件，周边比较尖锐锋利，如果作业人员在搬运过程中违章操作或者防护不当，可能会造成冲压件割伤事故。

2. 焊装生产现场的危险源辨识

汽车焊装车间的主要任务是对底板总成、左/右侧围总成、白车身总成等进行焊接。其主要设备有各类焊机、夹具、焊接机器人、电葫芦及其吊具、涂胶机等。焊装车间可能存在的危险源有如下几类。

（1）机械伤害　焊接过程中，焊工可能误碰焊件造成板料划伤事故；焊接夹具有许多凸起部位和锐角部位，在上、下夹具的过程中可能造成夹伤、划伤、碰伤等伤害。

（2）触电伤害　各类焊机、焊接机器人、电葫芦都是由电来驱动的，在作业人员接触这些设备时，若防护不当，设备、电路故障或者作业人员的误操作，都会导致触电事故的发生。

（3）物体打击　焊装车间多为大型零件或不规则零件，作业人员在搬运各类物件时，若重心失稳或者防护不当，可能会造成物体打击伤害；焊装车间有悬挂链系统，可能会因为链条断裂而造成物体打击伤害。

（4）有毒、有害职业危害　氩弧焊、手工电弧焊焊接时，会产生大量有害烟尘，烟尘的主要成分有铁、锰、铝、铜、氧化锌、硅等，其中主要毒性物质是锰。如果防护不当，焊装作业人员长期吸入这些金属粉尘，将会引起尘肺、锰中毒等职业病。

（5）其他伤害　高温电弧使金属熔化、飞溅，如果防护不当，可能使人受到灼烫伤害；焊接中为去除焊渣而敲击焊缝时，未全部冷却的焊渣可能溅入眼睛；焊接工件放置不稳会造成砸伤；若作业人员违章操作，可能会在焊接过程中造成焊接伤害；若焊件悬吊在空中进行焊接，这样不仅易造成灼烫伤害，也容易产生焊件刮伤事故。

3. 涂装生产现场的危险源辨识

汽车的涂装作业中最突出的问题是多数涂装原材料存在易燃、易爆和毒性等理化特性，有些物料在作业过程中还有粉尘危害。涂装作业对劳动防护的要求很高，如果作业中未严格按要求进行防护或防护不当，就会造成伤害。涂装车间可能存在的危险源包括如下几类。

（1）触电伤害　涂装车间配电间、车间变电间可能发生触电事故。

（2）物体打击　涂装车间的悬挂链系统是由轨道、链条、导轮、驱动装置和吊具等组件构成的。如果其组件中有一个出现故障或缺陷，就可能导致链条断裂而造成物体打击伤害。

（3）火灾爆炸　喷涂用漆（有机溶剂二甲苯）为易燃易爆物质，这些物质一旦发生泄漏，遇到明火、热源、静电等激发能源，可能发生火灾甚至爆炸事故；调漆间生产时有甲苯及二甲苯等易燃易爆挥发性气体产生，这些气体一旦在车间内达到爆炸极限浓度后，遇到明火或由于静电产生的火花、金属物体撞击产生的火星，都会发生火灾甚至爆炸。

（4）毒物伤害　尽管整个调漆及喷涂过程为封闭过程，但由于油漆溶剂为易挥发物质，这些物质包括甲苯、二甲苯，若密闭装置发生泄漏或者车间通风不良，使这些有毒、有害物质聚集，可能造成作业人员中毒伤害。

（5）酸碱腐蚀伤害　在车身的前处理过程中，涉及脱脂液（稀碱）、磷化液（稀酸）槽罐，这些酸碱物质具有一定的腐蚀性。若作业人员在换液、清洗槽等过程中防护不当，就可能导致酸碱腐蚀伤害。

（6）高温作业　烘干炉附近温度较高，作业人员长期在高温环境下工作可能会导致身体脱水过多，从而出现其他职业性损伤。

4. 总装生产现场的危险源辨识

总装生产现场除了存在可能造成起重和车辆伤害的危险因素外，还有其他危险源。

（1）机械伤害　作业人员误入机械手工作区域或连锁防护装置故障，会发生机械手伤人事故；机械手会因供电系统断电或油路故障导致被抓取物体坠落，如果附近有作业人员可能造成伤害；当机械手抓取玻璃时，若吸盘抓取不牢固而使玻璃坠落，可能导致周围作业人员受伤；地面运输链转角交叉处、和人接触处、地沟等地方可能夹伤人体。

（2）触电伤害　在机械手、压装机等电气设备维修调试过程中，若操作人员绝缘防护不当可能会产生触电事故；在车辆电气设备装配、检测过程中，若防护不当也可能发生触电事故；车间配电间、车间变电间，若作业人员误靠、接地装置失灵、外壳带电、在检查或者维修过程中防护不当，均可能发生触电事故。

（3）火灾爆炸　总装车间有柴油、汽油、自动变速器油及防冻液。柴油、汽油为易燃易爆化学品，油品在加装、输送过程中，一旦发生泄漏，遇到热源、明火、静电，就可能发生火灾甚至爆炸事故。

（4）毒物伤害　涂胶机器人所用的胶具有一定毒性，作业人员长期在此环境下工作，如果防护不当，就可能引起职业病伤害；车辆装配下线工段和试验调整工段，发动机会产生尾气，作业人员如果防护不当，长期在此环境中工作，健康就会受到一定的损害。

【知识拓展】

全国"最美职工"王学勇：匠心守护民族汽车品牌

全国五一劳动奖章获得者，全国"最美职工"，享受"国务院特殊津贴"的奇瑞汽车股份有限公司的高级汽车装调工——王学勇，扎根一线20余年，用匠心守护着民族汽车品牌。

"听声音就能精准判断故障点，简直神了！"在奇瑞的车间里，有关王学勇"金耳朵"绝活的"神话"广为流传。"并没有那么神，就是熟能生巧而已。我对汽车这个行业充满兴趣，真正钻了进去，做得多了，技术也就上来了。"王学勇说。在总装期间，王学勇先后参与东方之子、瑞虎3、瑞虎7等十几款车型的新品试制，在整车工艺和装配、电路、发动机、变速器、底盘及内饰返工调整方面，练就了一身好技艺。

在参与整车试制项目验证工作中，王学勇主动提出千余项改进建议。将车间新品投产预算人员由432人降低到330人，直接缩减人工费用350万元；生产效率节拍由原来的163s/车提升到98s/车，大幅度降低了单车制造成本，在生产动能和材料方面累计节省236万元，减少设备投资126万元。

扎根一线20余年，王学勇不仅使自身专业技能突飞猛进，还尽全力把工匠精神传承下去，带出了许多技术骨干。在王学勇看来，一辈子扎根一个行业，踏踏实实把这一行干好、干精，就是对"工匠精神"的最好诠释。

课后调研：请围绕危险源辨识进行调研，撰写一份危险源辨识案例，并与同学分享。

【任务实施】

> **小贴士：**
>
> 危险源辨识是确保生产安全稳定、预防事故的重要手段。请秉持识别危险、持之以恒的工作态度，强化安全意识，按照危险源辨识的步骤对实习（或实训）现场的实训作业进行危险源辨识分析，并制订相关控制措施，完成任务实施内容。

任务准备

1）场地：汽车实习现场（或实训现场）。
2）设备：发动机拆解模型、发动机裸机等。
3）工具：发动机拆装工具套、扭力扳手等。

注意事项

1）按照危险源辨识步骤，逐步进行现场的危险源辨识。
2）控制措施要在小组讨论并意见达成一致后确定。

任务实施内容

根据教师指导和所学知识，对汽车实习现场（或实训现场）的实训作业进行危险源辨识分析，并记录分析研讨过程。

任务实施流程		
序号	步骤	主要任务内容
1	现场确认	现场确认 ① 汽车实习现场（或实训现场）的实训作业内容： ② 作业工具、作业指导书是否齐全：□是 □否

识别现场危险源，填写危险源分析表						
作业内容	作业工序	事故类型	危险源（危险和有害因素）			
			序号	物	人	环境
			1			
			2			
			3			
			4			
			5			

（序号2 步骤：识别危险源）

（续）

序号	步骤	主要任务内容										
3	风险评价	风险评价，填写风险评价表										

风险评价表：

作业内容	作业工序	事故类型	危害因素				风险评价				
			序号	物	人	环境	L 值	E 值	C 值	D 值	风险等级
			1								
			2								
			3								
			4								
			5								

序号	步骤	主要任务内容
4	分析控制	风险控制，制订控制措施，填写危险源风险评价与控制措施表（表2-8）
5	活动总结	对分析讨论过程进行总结，对标大国工匠——王学勇，分析本次任务实施效果。班组成员平时工作多沟通、多合作，并加强全员培训

表 2-8　危险源风险评价与控制措施表

作业活动	作业工序	事故类型	危险源				风险评价					现有控制措施	控制措施					
			序号	物	人	环境	L 值	E 值	C 值	D 值	风险等级		运行控制	目标方案	检查监测	培训教育	应急措施	其他

【评价反馈】

　　班组小组内合理分工，完成任务实施后，结合个人、小组在课堂中的实际表现进行总结与反思。

评价项目	评价标准	分值	得分
知识准备	熟知我国安全生产方针及生产现场危险源要素	10	
	掌握危险源辨识的步骤、危险源风险评价方法	10	
知识拓展	养成在汽车生产现场作业过程中进行危险源辨识的行为习惯	20	
任务实施	作业内容确认，完整记录相关信息	10	
	按照危险源辨识步骤全面分析危险和有害因素	10	
	评估风险等级，认真填写风险评价表	10	
	制订控制措施，认真填写危险源风险评价与控制措施表	10	
综合表现	与同学团结合作，积极讨论，严谨认真地完成学习活动，具备严谨、规范的工作作风	20	
合计		100	

考核成绩：_____

日期：　　年　　月　　日

教师签字：_____

【课后测评】 ▶

1. 我国的安全生产方针是什么？简述其意义。
2. 简要说明汽车总装生产现场的危险源。

任务6　开展危险预知训练活动

【任务描述】 ▶

开展危险预知训练活动的目的是提高现场员工的安全意识，消除员工的不安全行为。掌握危险预知训练活动方法与实施流程，可以提高员工对危险的感受性、对作业的注意力及解决问题的能力，控制作业过程中的危险，预测和预防可能出现的事故。会组织开展危险预知训练活动，是每一位汽车制造人员都要掌握的一项安全技能。

【任务目标】 ▶

素质目标：

1）强化安全意识和社会责任感。
2）养成良好的安全确认行为习惯和常抓不懈的工作态度。

知识目标：

1）掌握危险预知训练（KYT）活动实施方法（4R 法）与实施流程。
2）掌握 KYT 分析表的制作与填写方法。
3）掌握指差确认的实施动作与实践形式。

> 能力目标：
>
> 1）具备组织小组成员开展危险预知训练活动的能力。
> 2）能够正确使用指差确认法设计指差确认操作。
> 3）能够正确采用危险预知训练与指差确认相结合的方式开展 KYT 活动。

【任务书】

开展危险预知活动是汽车制造企业生产现场保障安全生产的最有效的途径。假如你是生产现场的班组长，请针对汽车生产作业现场或汽车实训教学区的相关内容，选取合适的议题，按照 4R 法分析作业岗位或作业过程中潜在的危险因素，分析危险因素能引起的各种不安全的现象，并与班组成员讨论和制订对策，确定最终行动目标，进行指差确认演练，形成 KYT 分析表并发表。

【知识准备】

一、KYT 活动概述

危险预知训练（KYT）起源于日本，在众多日本企业获得了广泛运用，被誉为当年"零事故战役"的支柱。

在中国，很多企业引进并开展了此项安全训练活动，如一汽丰田、一汽丰越、一汽轿车、宝钢、三星公司等。这些企业通过 KYT 活动、标准作业、作业前指差确认等活动的实施，确保作业安全，提高员工对危险的感受性、对作业的注意力及解决问题的能力，控制作业过程中的危险因素，预测和预防可能出现的事故。

危险预知训练一般用字母组合 KYT 表示，分别来自日语和英语的缩写，即 K（Kiken）——"危险"、Y（Yochi）——"预知"、T（Training）——"训练"。

危险预知训练（KYT）活动是针对生产特点和作业全过程，以危险因素为对象，以作业班组为团队开展的一项安全教育和训练活动。KYT 活动是一种班组会议讨论方式，是通过作业前较短时间的会议讨论，提前发现、把握和解决现场或作业中潜在的危险因素。它是使安全活动由被动变主动的一种训练活动，由"要我安全"的被动要求变为"我要安全"的主动意识。

危险预知训练

二、KYT 活动方法

1. KYT 活动的内容

KYT 活动讨论的内容是岗位和作业过程中潜在的危险因素，分析危险因素能引起的各种不安全的现象，并讨论出对策和措施，确定最终实施目标，形成 KYT 分析表、KYT 报告或 KYT 卡等。

① 活动目的——提高员工对危险的感受性、对作业的注意力及解决问题的能力。
② 活动对象——岗位和作业过程中潜在的危险行为或危险因素。
③ 活动单元——班组或作业小组。
④ 活动原则——全员参与。

2. KYT 活动中班组成员的职责和作用

KYT 活动中班组长、记录员、班组其他成员承担不同的职责，各尽其责，才能保证活动的顺利展开和有效实施。

1）班组长的职责和作用：拟定活动议题，并主持活动的开展，把握好活动的时间和进度；营造良好的活动讨论氛围；确保全员参与，不偏离主题；引导大家进行"主要危险"和"行动目标"的指差确认。

2）记录员的职责和作用：负责活动中的全程记录，在不中断活动的前提下迅速流畅地记录；确保每个成员的发言都不遗漏。

3）班组其他成员的职责和作用：根据班组长的提示，积极提出自己的意见和想法；发言内容简单、具体。

3. KYT 活动的实施

KYT 活动的实施过程又称四循环法或讨论四步法（简称 4R 法）。

1）1R（把握现状）：针对议题，找出潜在危险因素。

2）2R（追求本质）：在发现的危险因素中找出主要危险因素。

3）3R（制订对策）：针对主要危险因素制订候选对策。

4）4R（确定目标）：选出候选对策中最优化的重点安全实施项目。

一般，首先由班组长拟定议题，即选定训练内容，介绍要训练议题的作业内容，记录员记录其实施流程，见表 2-9。

表 2-9 KYT 活动的实施流程

步骤	名称	内容	流程概要
准备	确认议题	确认议题	班组长拟定议题
1R	把握现状	针对议题（危险性作业），找出潜在危险因素，预测可能出现的后果	1）组员们面对图片或置身现场 2）班组成员以"要是……就会……"的形式轮流发言 3）记录员进行记录并编号
2R	追求本质	在发现的危险因素中找出1~3个主要危险因素	1）对危险因素进行分类 2）在认为"可能是问题"的序号前进行标记 3）在"确实是问题"（主要危险因素）的序号前画重点标记符号1~3个 4）全体人员，指着记录表上的危险点，大声说："要是……就会……，OK！"
3R	制订对策	针对主要危险因素提出具体、可实施的候选对策	1）针对主要危险点提出对策 2）提出的对策必须切实可行，并且不被法规禁止 3）要充分发挥创意和发散性思维，对策尽可能地多 4）记录员记录
4R	确定目标	在候选对策中，经过充分讨论，选出最优化的重点安全实施项目，设定为班组行动目标	1）在重点安全实施对策编号前加重点标记1~2项 2）对有重点标记的行动目标，一个一个地确认 3）行动目标：全体人员，用指差确认法进行确认（"……，OK！"）
确认	完成KYT分析表	会议结束后，形成KYT分析表，全体组员亲笔签名	1）每个人都进行指差确认的演练 2）班组长说："这是我们的行动目标！……，OK！"等 3）全体人员，再次进行指差确认（3次）
发表	KYT分析表发表	持续改进	

4. KYT 活动的实施详解

（1）KYT 会议前的准备　在进行 KYT 危险预知训练会议讨论之前，首先要确认会议讨论的议题，从工作岗位和作业过程中选出一种要分析的危险因素。

（2）KYT 活动实施的步骤——4R 法详解　下面以图 2-1 所示作业内容"汽车总装生产现场后侧车窗玻璃安装作业"作为分析议题，按照 4R 法对分析过程进行详解。

图 2-1　汽车总装生产现场后侧车窗玻璃安装作业

第 1 步：1R（把握现状）。以现场、现物为中心，全体组员共同分析、讨论，找出潜在危险因素，并想象可能出现的后果，见表 2-10。

表 2-10　KYT 分析表——完成 1R（把握现状）

○◎	序号	找出危险原因及现象，按（因为……所以做了……导致……）的形式加以记录
	1	未佩戴安全帽，车门车架容易磕到头
	2	未带护目镜，飞出的螺钉容易打伤眼睛
	3	电枪使用不规范，容易伤手
	4	手套打滑，造成零件或工具脱落砸脚
	5	电源距离工位过近，容易发生触电事故
	6	拿取玻璃时不小心被玻璃割手
	7	车门回弹关闭，身体被夹伤

班组长针对议题（危险性作业）向组员询问：进行此项工作有什么潜在的危险，在询问的过程中积极调动组员的积极性，每一个组员都要尽可能地提出意见。组员要假想自己置身于任务当中，尽力找出有何危险因素（包括人、机、料、法、环等方面的不安全因素），积极大胆地发言，充分发挥自己的想象力，推想找出的危险因素会引发的影响，并进行讨论。

讨论后，由班组长就大家找出的危险逐一进行宣读确认，避免漏掉不是主要的但也是危险的因素或项目。

1R（把握现状）时考虑危险因素要全面，一般要从以下 3 点入手：

① 对人的确认，如人的位置（对象物的位置、周围环境）、姿势（手、头、腕、足、腰的位置）、服装（安全帽、工作装、护具）、共同作业者（位置、姿势、服装、护具）。

② 对物的确认，如仪表类（温度计、流量计、报警器）、机械设备（电源、车辆、天车）、

工具（刀、锤子的种类和状态）、工件（摆放高度、位置、方向、角度）、标志（危险物、有害物）、劳动保护用品（安全帽、安全带、护目镜、耳塞）。

③考虑伤害类型。生产现场中可能出现的伤害类型有夹卷、砸伤、碰撞、触电、烫伤等。

第2步：2R（追求本质）。在危险因素中找出1~3个主要危险因素，重要的画红色"〇"，特别重要的画红色"◎"，见表2-11。

表2-11　KYT分析表——完成2R（追求本质）

〇◎	序号	找出危险原因及现象，按（因为……所以做了……导致……）的形式加以记录
	1	未佩戴安全帽，车门车架容易磕到头
〇	2	未戴护目镜，飞出的螺钉容易打伤眼睛
◎	3	电枪使用不规范，容易伤手
◎	4	手套打滑，造成零件或工具脱落砸脚
	5	电源距离工位过近，容易发生触电事故
	6	拿取玻璃时不小心被玻璃割手
〇	7	车门回弹关闭，身体被夹伤

班组长对每个组员进行询问，检查确认是否所有成员都了解和重视找出的危险，对查出的危险因素按其是否会造成伤害进行分类。

第1类：这个危险因素不会造成伤害。

第2类：这个危险因素可能会造成伤害。

将第1类危险因素剔除，对剩下的可能会造成伤害的第2类危险因素进行再次分类，找出大家认为最有可能造成伤害的1~3个主要危险因素。重要危险的画红色"〇"，特别重要的画红色"◎"。这个重要危险因素的识别过程不能靠举手表决，也不能靠班组长的主观臆断，而应以客观事实和科学推理为依据，要分析得细致、透彻。

班组长第二次向班组成员确认，对这样的重要危险因素班组成员必须记清楚。

第3步：3R（制订对策）。针对主要危险因素，班组内开展讨论，制订出具体、可实施的对策，并合并成1~3项最可行的对策，见表2-12。

表2-12　KYT分析表——完成3R（制订对策）

	※	序号	具体对策	确认方式
电枪使用不规范，容易伤手		1	进行电枪作业培训	班组行动目标（……做，OK！）指差确认："……OK！"
		2	更换新电枪	
		3	控制电枪使用过程，正确握持电枪	
手套打滑，造成零件或工具脱落砸脚		1	进行安全培训，提高员工安全工作意识	身体接触并喊口号："这是我们的行动目标！……OK！"
		2	佩戴橡胶手套	
		3	应用零件夹持装置	

针对第2类中的重要危险因素（即带红色◎标记的危险因素），班组长向班组成员，或班组成员之间相互提问，讨论出切实可行的对策。

对具体对策进行分类，把必须马上实施的作业重点实施项目（1~3项）确定下来。班组长将拟定的内容与组员一起进行最后的确认，看是否有遗漏的危险和对策。

第4步：4R（确定目标）。对于第3步制订的候选对策，确定要实施或执行的对策，见表2-13。

表2-13 KYT分析表——完成4R（确定目标）

◎	※	序号	具体对策	确认方式
电枪使用不规范，容易伤手		1	进行电枪作业培训	班组行动目标："……做，OK！" 指差确认："……OK！""正确握持电枪作业，OK！""佩戴橡胶手套作业，OK！"
		2	更换新电枪	
	※	3	控制电枪使用过程，正确握持电枪	
手套打滑，造成零件或工具脱落砸脚		1	进行安全培训，提高员工安全工作意识	身体接触并喊口号："我们的行动目标：正确握持电枪作业，OK！""佩戴橡胶手套作业，OK！"
	※	2	佩戴橡胶手套	
		3	应用零件夹持装置	

经过充分讨论，统一思想，选出最优化的重点安全实施项目（标记※）设定为班组行动目标。

（3）KYT分析表的确认和发表 讨论会议结束后，应记录并将危险因素的分析与对策整理成KYT分析表，见表2-14。参与讨论的全体班组成员亲笔签名。KYT分析表的发表一般由班组长完成。班组长不添加自己的任何意见和想法，宣读KYT分析表上从1R~4R的所有内容，让参与讨论的全体班组成员知晓，以便在具体作业过程中，都能按KYT分析表上的行动目标实施安全作业。

在实施KYT分析表的过程中，若发生了KYT分析表中未涉及的危险而导致了事故，应当结合问题及时补充完善KYT分析表，对KYT分析表持续改进。

KYT分析表形成后不是一劳永逸、一成不变的。一个KYT分析表在实施一定的周期后，就应当修订KYT分析表。将重新修订后的KYT分析表再次发到班组实施。

表2-14 KYT分析表

作业名称（议题）	汽车总装生产现场后侧车窗玻璃安装作业			日期		场所	汽车总装生产现场
班组名		班组长		记录员		其他组员	
4R法实施							
1R（把握现状）：针对议题（危险性作业），发现、预知潜在危险		2R（追求本质）：重要的画红色○，特别重要的画红色◎		3R（制订对策）：针对主要危险因素（带◎标记），班组成员共同讨论，制订出具体、可实施的对策		4R（确定目标）：确定要实施或执行的对策。重要实施事项画红色※标记	

（续）

序号	存在的危险因素（因为……，导致……）	○◎标记	◎标记的编号	序号	具体对策	※标记	行动对策"指差确认"
1	未佩戴安全帽，车门车架容易磕到头		3	1	进行电枪作业培训		班组行动目标："……做，OK！" 指差确认："……OK！""正确握持电枪作业，OK！""佩戴橡胶手套作业，OK！"
2	未戴护目镜，飞出的螺钉容易打伤眼睛	○		2	更换新电枪		
3	电枪使用不规范，容易伤手	◎		3	控制电枪使用过程，正确握持电枪	※	
4	手套打滑，造成零件或工具脱落砸脚	◎	4	1	进行安全培训，提高员工安全工作意识		身体接触并喊口号："我们的行动目标：正确握持电枪作业，OK！""佩戴橡胶手套作业，OK！"
5	电源距离工位过近，容易发生触电事故			2	佩戴橡胶手套	※	
6	拿取玻璃时不小心被玻璃割手			3	应用零件夹持装置		
7	车门回弹关闭，身体被夹伤	○					
签字确认							
责任人（签字）： 　　　　　年　月　日	确认人（签字）： 　　　　　年　月　日			共同确认与否		是（　）否（　）	

三、指差确认

1. 指差确认的定义

指差确认是对需确认安全的关键部位通过心想、眼看、手指、口述的方式，实现集中注意力、正确操作的一种安全确认方法。

指差确认始创于日本，原为在铁路行业中使用的安全动作，即以手指指着物件并口诵确认，通过心手并用，减少人为失误导致的意外。后来它广泛用于不同行业，包括建筑行业、制造行业、机电工程行业等。

指差确认使用的动作如下：眼——目光坚定地注视要确认的目标；臂及手指——伸展手臂，用手指食指指向要确认的目标；口——高声及清楚地呼唤"……，OK！"；耳——聆听自己的大声呼唤；心——想着安全，对听到的声音进行确认。

2. 指差确认的意义

指差确认实施的过程中通常是将某项工作的操作规范和注意事项编写成简易口诀，当作业开始的时候，不马上进行作业，而是用手指指着关键部位，并说出简易口诀进行确认，以防止判断、操作上的失误。

指差确认

　　根据统计数据，在安全作业过程中，只看、只口诵或只手指时错误发生率较高，指差确认后的错误发生率可以降至只看的 1/6。各种操作的错误发生率如图 2-2 所示。

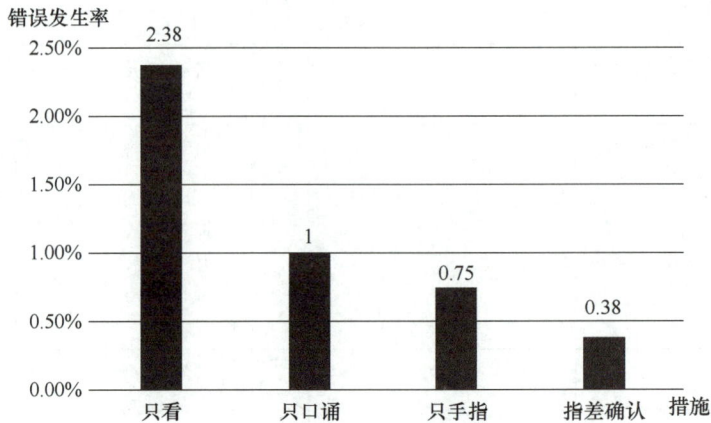

错误发生率

图 2-2　各种操作的错误发生率

3. 指差确认的实践形式

指差确认有 3 种实践形式，每种实践形式的名称、含义和目标见表 2-15。

表 2-15　指差确认的实践形式

序号	实践形式	含义	目标
1	指差呼唤（指差称呼）	边指边说 / 指说（一般在单人进行作业时使用）	确保作业者掌握作业要点，安全无误地推进作业
2	指差唱和	指差唱和 / 指喊（在开早会、晚会时常应用）	全体组员用手指指着对象，通过一起喊口诀进行确认，从而使步调一致，增强整体感、协作感
3	身体接触并喊口号	边指边叫 / 指叫（在研讨会、早会、晚会，以及实地操练开始、结束时常应用）	全体组员通过手与身体的接触及指差唱和，进一步增强整体感

4. 指差确认的执行

　　指差确认的执行环节非常重要。在执行过程中需要严肃认真，并持之以恒，需要营造良好的工作氛围。

　　指差确认能使危险预知训练工作有效落地，并转换成岗位安全技能。在现场进行指差确认，能够培养作业人员的警觉性及行动的准确性，避免因人为疏忽、错误或误会而发生意外。

班组会议

【知识拓展】 ┃••▶

"高压带电作业勇士"王进

　　王进是国网山东省电力公司一名线路工人，参加工作近 30 年一直从事超、特高压带电作业。这名从一线班组里走出来的"大国工匠"，是超高压带电作业世界纪录的创造者，曾登上

国家科技最高领奖台，被评为国家电网公司特等劳模、全国劳模。

"0.4m，申请等电位！""小王，再检查一下双保护！"某日，王进和同事在500kV济淄Ⅱ线44号铁塔开展带电作业，王进作为工作班成员，在地面时刻提醒着高空作业的同事。王进参加工作20多年，开展带电作业400余次，每次带电作业时他都一丝不苟、毫不松懈，确保作业流程、技术要点、安全事项全部落实到位。

从黄河沿岸到沂蒙山区，从鲁冀交界到黄海之滨，每基杆塔上都留下了王进坚实的足迹。30余本工作日志让他对输电线路的每一项缺陷、每一处变化都了如指掌；年复一年、日复一日地勤学苦练，成就了他过人的眼力、非凡的体力和超强的耐受力，从一名普通的线路工人成长为家喻户晓的"大国工匠"。

课后调研：请围绕汽车安全生产危险预知训练活动进行调研，撰写一份有关危险预知训练活动的案例故事，并与同学分享。

【任务实施】 ┃••▶

> **小贴士：**
>
> 开展KYT活动能够提升员工自身对危险的敏感性，提高作业注意力；养成防范危险、自我管理的习惯。请秉持安全防范、常抓不懈的工作态度，强化危险预知意识，按照4R法开展现场KYT活动，并逐步填写KYT分析表，完成任务实施内容。

任务准备

1）场地：汽车生产作业现场或汽车实训教学区。

2）设备：实训车辆、设备、工具车、物料架、工作台。

3）空间：地板、通道、工作区、墙壁。

注意事项

1）针对汽车生产作业现场或汽车实训教学区的相关内容，选取合适的议题，分析可能存在的危险因素并制订相应对策，要注意分析的全面性及对策的可实施性。

2）制订的对策要在小组讨论、全员确认后确定。

任务实施内容

根据教师指导和所学知识，开展现场KYT活动，并记录分析研讨过程。

任务实施流程			
序号	步骤		主要任务内容
1	KYT会议前的准备	确认议题	在进行KYT活动会议讨论之前，首先要确认讨论的议题，选择要分析危险因素的某一项作业、工序或某一工作环境（如工具、零件的使用，设备的操作，工序作业内容及作业环境等），进行讨论分析 议题内容：

(续)

序号	步骤		主要任务内容
2	1R、2R	把握现状、追求本质	1R（把握现状）。以现场、现物为中心，全体组员共同分析、讨论，找出潜在危险因素，并想象可能出现的后果 2R（追求本质）。在危险因素中找出 1~3 个主要危险因素，重要的画红色"○"，特别重要的画红色"◎" 将 1R、2R 分析结果填写在下表中 _表见下_

○◎	序号	找出危险原因及现象，按（因为……所以做了……导致……）的形式加以记录
	1	
	2	
	3	
	4	
	5	
	6	
	7	

以上工作是否全员参与：□是　□否

序号	步骤		主要任务内容
3	3R、4R	制订对策、确定目标	3R（制订对策）。针对主要危险因素，在班组内开展讨论，制订出具体、可实施的对策并合并成 1~3 项最可行的对策 4R（确定目标）。对于第 3 步制订的候选对策，确定要实施或执行的对策 将 3R、4R 分析结果填写在下表中

◎	※	序号	具体对策	确认方式
		1		班组行动目标（……做，OK！） 指差确认："……OK！"
		2		
		3		
		1		身体接触并喊口号："这是我们的行动目标！……OK！"
		2		
		3		

针对具体对策是否开展了指差确认：□是　□否

序号	步骤	主要任务内容
4	完成 KYT 分析表	完成 KYT 分析，填写 KYT 分析表（表 2-16）
5	KYT 分析表确认和发表	1）确认 参与讨论的全体班组成员是否亲笔签名确认：□是　□否 （2）发表 发表者：＿＿＿＿＿＿＿＿＿＿ 发表的行动目标内容：＿＿＿＿＿＿＿＿＿＿ ＿＿＿＿＿＿＿＿＿＿＿＿＿＿＿＿＿＿＿＿ ＿＿＿＿＿＿＿＿＿＿＿＿＿＿＿＿＿＿＿＿ 以上工作确认是否实施：□是　□否

（续）

序号	步骤	主要任务内容
6	KYT 活动后总结	一个 KYT 分析表在实施一定的周期后，就应当进行挖掘式地修订 KYT 分析表。请列出 KYT 分析表修订点： _____ _____ _____ _____ _____
7	效果确认	是否会开展现场 KYT 活动：□是　□否
8	活动总结	对分析讨论过程进行总结，对标大国工匠——王进，分析本次任务实施效果。班组成员平时工作时多沟通、多合作，并加强全员培训

表 2-16　实践任务 KYT 分析表

作业名称（议题）					日期	年　月　日	场所	
班组名		班组长		记录员		其他组员		
4R 法实施								
1R（把握现状）：针对议题（危险性作业），发现、预知潜在危险			2R（追求本质）：重要画红色○，特别重要画红色◎		3R（制订对策）：针对主要危险因素（带◎）班组成员共同讨论，制订出具体、可实施的对策		4R（确定目标）：确定要实施或执行的对策。重要实施事项画红色※	
序号	存在的危险因素（因为……，导致……）		○◎标记		◎标记的编号	序号	具体对策	※标记	行动对策"指差确认"
1						1			班组行动目标（……做，OK！）指差确认："……OK！"
2						2			
3						3			
4						1			身体接触并喊口号："这是我们的行动目标！……OK！"
5						2			
6						3			
签字确认								
责任人（签字）： 年　月　日		确认人（签字）： 年　月　日			是否共同确认		是（　）否（　） 说明：相应括号后面打"√"	

【评价反馈】

班组小组内合理分工，开展危险预知训练活动后，结合个人、小组在课堂中的实际表现进行总结与反思。

评价项目	评价标准	分值	得分
知识准备	熟知 KYT 活动实施方法——4R 法	10	
	理解 KYT 分析表的制作与填写方法	10	
知识拓展	养成良好的安全确认行为习惯和常抓不懈的工作态度	20	
任务实施	KYT 活动议题选择符合汽车生产 / 实习 / 实训现场作业场景	10	
	准确确定议题潜在危险因素并进行类别区分	10	
	正确制订对策、确定要执行的对策，并进行指差确认	10	
	完成 KYT 分析表并发表	10	
综合表现	能与同学团结合作，积极讨论，严谨认真地完成学习活动，具备严谨、规范的工作作风	20	
合计		100	

考核成绩：_____   教师签字：_____

日期：　　年　　月　　日

【课后测评】

1. 简述开展危险预知训练活动的步骤。
2. 简述你对开展危险预知训练活动的看法。

项目 3

现场质量管理

任务 7 制订 PDCA 质量改善方案

【任务描述】

质量是企业的生命线，是企业发展的基石，是企业的核心竞争力要素。在企业的生产制造过程中，难免会因为各种原因导致生产现场存在不同的质量问题。作为生产现场的汽车制造人员，能够与班组成员齐心协力解决生产现场实际存在的质量问题，提高产品质量，是必须要具备的职业技能。

【任务目标】

素质目标：

1）培养质量强国、强国有我的理念。
2）培养问题意识和团队合作精神。

知识目标：

1）掌握 PDCA 循环的使用步骤。
2）理解鱼骨图的含义与应用方法。

能力目标：

1）具备应用 PDCA 循环制订质量改善方案的能力。
2）具备应用鱼骨图分析问题发生原因的能力。
3）具有联合应用 PDCA 循环和鱼骨图解决生产现场质量问题的能力。

【任务书】

××工厂焊装车间主焊班组在生产制造过程中，出现了顶盖工位质量合格率未达标情况，导致顶盖质量不合格。所以，主焊班班组长要带领班组开展课题攻关，解决顶盖质量不合格问题。假如你是主焊班的班组长，请根据课题特点，带领班组成员了解课题攻关工作过程，模拟完成课题攻关任务，提升质量改进意识。

【知识准备】

一、质量与质量管理

质量是质量管理中最基本的概念，有些场合把质量称为品质。

质量管理（Quality Control，QC）是关于质量的指挥和控制组织的协调活动。质量管理包括制订质量方针和质量目标，以及通过质量策划、质量保证、质量控制和质量改进实现质量目标的过程。

二、质量管理的常用工具

质量管理的常用工具有调查表、分层法、排列图、因果图、散布图、直方图、控制图，它们统称"QC 七手法"。

QC 七手法

1. 调查表

调查表又称为检查表、核对表、统计分析表。它是以简单的数据，用容易理解的方式，制成图形或表格，用以确认事实、收集资料、积累数据，或把事先规定的项目罗列在表格上，以便对事件进行一一检查确认。调查表用来系统地收集资料（数字与非数字）、确认事实，并对资料进行粗略整理和分析。

2. 分层法

分层法又称为层别法、分类法、分组法。它是按照一定的标准，把搜集到的大量有关某一特定主题的统计数据加以归类、整理和汇总的一种方法。分层法是有效掌握事实的最有效、最简单的方法，常用于归纳整理搜集到的统计数据。

3. 排列图

排列图又称为主次因素分析图，它是将质量改进项目从最重要到最次要顺序排列而采用的一种图表。排列图是由一个横坐标、两个纵坐标、几个按高低顺序（"其他"项例外）依次排列的矩形和一条累计百分比折线组成的图。排列图主要用来找出影响产品质量的主要因素。

4. 因果图

因果图又称为石川图、特性要因图、鱼骨图等。它是用来罗列问题原因，并将众多原因进行分类、分层的图形。因果图以结果为特性，以原因为因素，将原因和结果用箭头联系，表示因果关系。因其形状如鱼骨，所以称为鱼骨图，又称为鱼刺图。

因果图主要用于分析质量特性与影响质量特性的可能原因之间的因果关系。影响产品质量的因素非常多，且很复杂，概括起来有两种互为依存的关系，即平行关系和因果关系。平行关系是处于同一层次的因素之间的关系。因果关系是不同层次之间的关系。因果图表示格式如图 3-1 所示。

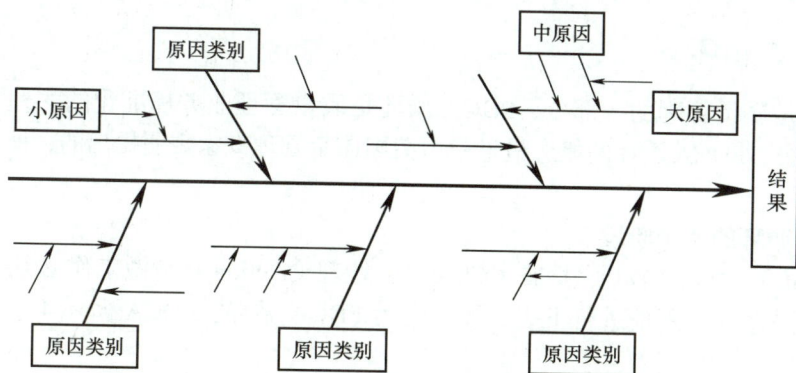

图 3-1 因果图表示格式

（1）绘制因果图步骤　绘制因果图时，应从产生问题的结果出发，首先找出影响问题的大原因，再找出中原因、小原因，直到能够采取措施为止。其具体步骤如下：

1）确定要分析的质量特性问题。画出主干线（主骨），填写箭头指示端结果（鱼头）。

2）规定可能发生的原因的主要类别。画出大骨，填写大原因。可以考虑将人、机、料、法、环作为因素的主要类别填入大干线（大骨）中。

3）决定中小原因。画出中干线（中骨）、枝干线（小骨），针对各个方面，采用头脑风暴法收集意见，将收集的意见进行整理，决定中小原因，分别填入因果图的中干线（中骨）、枝干线（小骨）中。

4）进一步分析找出主要原因。分析找出关键因素，并用方框标记。

5）检查是否有遗漏。若有遗漏，可及时补上。

（2）绘制因果图注意事项

1）主干线的箭头指向右方。

2）大干线分支与主干线之间的夹角应为 60°~75°，中骨与主骨平行。

3）绘制因果图的直接目的是找出关键因素。

4）关键因素用方框括起来，作为改进重点，且该原因应该是具体的、能采取措施的。

5）对关键因素采取措施后，用排列图检验其效果，也可先用排列图找出重点。

6）因果图在分析时是从大原因、中原因到小原因逐步进行，但实施对策时，是针对小原因制订的。

5. 散布图

散布图法又称为相关图法、简易相关分析法。它是把互相有关联的对应数据，在方格纸上以纵轴表示结果、以横轴表示原因；然后用点表示出分布形态，根据分布的形态来判断对应数据之间的相互关系。散布图可以用来发现、显示和确认两组相关数据之间的相关程度，并确定其预期关系。散布图常在 QC 小组的质量改进活动中应用。

6. 直方图

直方图又称为柱状图、矩形图、质量分布图。它是将所收集的数据、特性值或结果值，在横轴上适当地区分成几个相等区间，并将各区间内测定值出现的次数累加起来，用柱形画出的图形。通过制作直方图，可以研究产品质量的分布状况，据此判断生产过程是否正常。

7. 控制图

控制图又称为管制图、管理图。它是用来分析和判断工序是否处于稳定状态并带有一定控制界限的图形。控制图主要用来预报生产过程中质量状况是否发生异常波动。

三、PDCA 循环

质量改进是质量管理的一部分，PDCA 循环是质量管理业务标准化的一种方式，是质量改进的基本方法。PDCA 循环的概念最早是由美国质量管理专家戴明提出的，所以又称为"戴明环"。

1. PDCA 循环的 4 个阶段

计划（Plan）、执行（Do）、检查（Check）、处理（Action）是做工作必须经过的 4 个阶段。这 4 个阶段循环不断地进行下去，故称它为 PDCA 循环。PDCA 循环 4 个阶段的基本工作内容如下：

P 阶段——适应客户的要求，以社会、经济效益为目标，通过市场研究，制订技术经济指标，研制、设计质量目标，确定达到这些目标的具体措施和方法。P阶段是计划阶段。

D阶段——按照已制订的计划和设计内容扎扎实实地去做，以实现设计质量。D阶段是执行阶段。

C阶段——对照计划和设计内容检查执行的情况和效果，及时发现计划和设计过程中的问题并总结经验。C阶段是检查阶段。

A阶段——把成功的经验加以肯定，变成标准（把失败的教训也加以总结，避免下次失败）。没有解决的问题则转入下一个循环。A阶段是总结阶段。

2. PDCA循环的特点

PDCA循环是全面质量管理工作的科学程序，它在循环运转过程中具有如下特点。

1）大环套小环，小环保大环，互相促进，推动大循环，如图3-2所示。整个企业构成一个大的质量管理循环，而各部门、各级管理层有各自的PDCA小循环，各PDCA小循环又有更小的PDCA循环，直至落实到个人。大、小循环不断转动，从而形成一个大环套小环的综合循环体系。

2）PDCA循环是爬楼梯上升式的循环，每转动一周，质量就提高一步，如图3-3所示。PDCA循环的4个阶段周而复始不停地转动，每一次转动都有新的内容与目标。每循环一次，就意味着前进了一步。

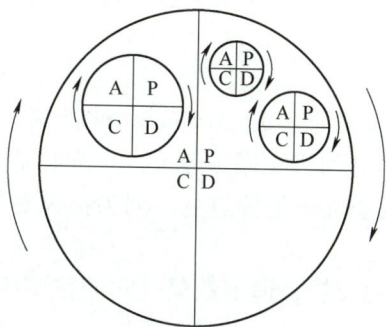

图3-2　大环套小环

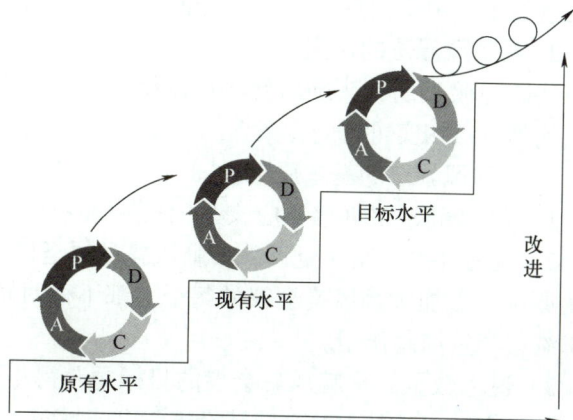

图3-3　上升式的循环

3）PDCA循环是综合性的循环。全面质量管理的4个阶段是相对的，它们之间不是截然分开的，而是紧密衔接、交叉存在的。在实际管理工作中，各方面管理的计划、执行、检查、处理同时交错进行的情况是常有的。全面质量管理过程实际上是一个纵横交错、综合循环发展的过程。

班组质量管理

4）推动PDCA循环的关键是"处理"阶段。"处理"是PDCA循环中的最后一个阶段，也是总结经验、肯定成绩、纠正错误的阶段。要推动PDCA循环，就要做好总结这个阶段。

3. PDCA循环的步骤

质量改进的步骤本身是一个PDCA循环。PDCA循环步骤可概括为"四阶段、八步骤"，见表3-1。

表 3-1　PDCA 循环步骤

阶段	步骤	主要方法和内容
P	1）分析现状，找出问题	调查表、分层法、排列图
	2）找出产生问题的原因或影响因素	因果图
	3）找出原因中的主要原因	排列图、散布图等
	4）针对主要原因，制订解决问题的方案	预期达到的目的（What） 在哪里执行措施（Where） 由谁来执行（Who） 何时开始和完成（When） 如何执行（How）
D	5）按制订的计划认真执行	
C	6）检查措施执行的效果	直方图、控制图
A	7）巩固提高，总结成功经验	利用成功经验修改或制订相应未来工作的标准
	8）把未解决或新出现的问题转入下一循环	为下一循环提供质量问题

四、头脑风暴法

1. 头脑风暴法的定义

头脑风暴法又称为智力激励法，它是通过小型会议，让所有参加者在自由愉快、畅所欲言的气氛中自由交换想法，并以此激发与会者的创意及灵感。

2. 头脑风暴法的作用

实践经验表明，头脑风暴法可以排除折中方案，所讨论的问题，能通过客观、连续的分析，找到一组切实可行的方案。

3. 头脑风暴法的基本原则

1）自由畅谈。参加者不应该受任何条条框框的限制，应该无拘无束地思考问题并畅所欲言。

2）延迟评判、禁止批评。头脑风暴必须坚持当场不对任何设想做出评价，且绝对禁止批评的原则。参加头脑风暴会议的每个人都不得对别人的设想提出批评意见，因为批评对创造性思维会产生抑制作用。

3）追求数量。头脑风暴会议的目标是获得尽可能多的设想，追求数量是它的首要任务。产生的设想越多，其中的创造性设想就可能越多。

4）改善组合。它是指从别人的创意中得到启发而想出更好的创意。

4. 头脑风暴法的要求

在实施头脑风暴时，应该注意以下 8 点要求：

1）运用头脑风暴法，首先应有主题。

2）不能同时有两个及两个以上的主题，主题应单一。

3）问题太大时，要细分成几个小问题。

4）创造力要强，分析力也要强。

5）头脑风暴要在 45~60min 完成。

6）构思要写在白板上，字体应清晰，让所有人都看得到，以启发其他人的联想。

7）在头脑风暴后，应对创意进行评价（会后评价）。

8）评价创意时，应进行分类。

5. 头脑风暴法的实施流程

头脑风暴法通过一定的实施流程来保证创造性讨论的有效性。头脑风暴法实施流程有以下 3 个阶段：准备阶段、头脑风暴阶段和评价选择阶段，如图 3-4 所示。

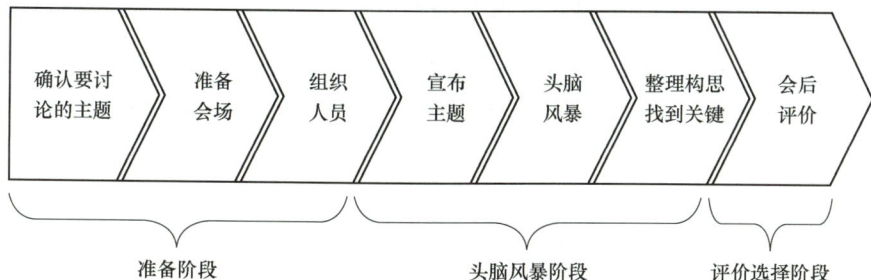

图 3-4 头脑风暴法实施流程

（1）准备阶段

1）选定讨论的主题。一场好的头脑风暴会议一般从对问题的准确阐明开始。因此，必须在会前确定一个目标，使与会者明确通过这次会议需要解决什么问题，同时不要限制可能的解决方案的范围。

2）选定参加者。一般以 8~12 人为宜，要推定一名主持人，一名记录人（秘书）。

3）确定会议时间和场所。

4）准备好海报纸、记录笔等记录工具。

5）布置场所。应将海报纸（大白纸）贴于白板上；座位的安排以"凹"字形为佳。

6）会议主持人应彻底了解头脑风暴法的基本原则、8 点要求等。

（2）头脑风暴阶段

1）介绍基本原则、8 点要求及主题。

2）头脑风暴、整理构思：主持人引导组员提出各种构思；记录人在看板记录所有构思。

3）结束会议。各个组员都无法再提出构思时，应立即结束会议。

（3）评价选择阶段

1）会后以鉴别的眼光讨论所有列出的构思。

2）也可以让另一组人来评价。

3）将会议记录整理分类后展示给参加者。

4）从效果和可行性两个方面评价各种构思。

5）选择最合适的构思，尽可能采用会议中激发出来的构思。

【知识拓展】

工匠精神就是专注、坚持和创新

潘玉华是中国电子科技集团有限公司第二十九研究所高级技师，大国工匠、全国示范性劳模和工匠人才创新工作室领办人，荣获全国五一劳动奖章、全国最美职工、全国巾帼建功标兵、全国技术能手、第三届中国质量奖（个人）等荣誉称号。

潘玉华首创省级行业技能大师工作室，将"学习、专注、担当、奉献"的工匠精神融入团队建设中，大师工作室两年取得 11 项技术和质量成果，发表论文 13 篇。潘玉华坚持 PDCA 的质量改进方法，长期开展 QC 活动，作为主要负责人的质量管理小组 7 次获评全国及省部级

QC 成果一等奖。我们也要像她一样，成为有理想、守信念、懂技术、会创新、敢担当、讲奉献的产业工匠。

课后调研： 请通过阅读书籍或者互联网搜索，调研一种中国自主品牌的相关资料或一个为中国汽车工业发展做贡献的人物故事，并与同学分享。

【任务实施】 ▶··▶

小贴士：

质量是企业的生命线。请秉持认真负责、精益求精的工作态度，强化质量意识，严格按照 PDCA 循环步骤，完成任务实施内容。

任务准备
工具：PDCA 循环、鱼骨图。

注意事项
1）分析过程中将课题攻关任务分为 4 个阶段，4 个阶段是相对的，不是截然分开的。

2）P、D、C、A 这 4 个过程不是运行一次就结束，而是周而复始地进行，一个循环结束，解决一些问题，未解决的问题进入下一个循环。

3）使用鱼骨图时，要通过头脑风暴法找出问题存在的因素。

任务实施内容
根据教师指导和所学知识，完善质量改善方案，并填写方案研讨制订过程。

任务实施流程				
序号	步骤		主要任务内容	
1	P	现状把握	天窗口 30 个问题解决后，顶盖工位合格率会由 98.7% 提高到 99.7%。 是否正确：□是 □否	经主焊班班组成员调查分析，总结顶盖坑包问题发生位置，绘图如下 坑包问题数据统计 **01 天窗口区坑包问题** 30 项 → 0 项（活动前、活动目标） **02 顶盖工位质量合格率** 98.7%（活动前）→ 99.7%（活动目标） 顶盖工位发生的 40 项问题中，坑包问题 35 项，天窗口区坑包问题 30 项

（续）

序号	步骤		主要任务内容

<table>
<tr><td rowspan="5">1</td><td rowspan="5">P</td><td>目标选定</td><td colspan="5">消除天窗口区坑包问题，提高顶盖工位质量合格率至99.7%
是否正确：□是　□否</td></tr>
<tr><td rowspan="2">要因分析</td><td colspan="5">课题小组从_____、_____、_____、_____、_____5个方面，绘制鱼骨图，进行要因分析</td></tr>
<tr><td colspan="5"></td></tr>
<tr><td rowspan="2">要因确定</td><td>序号</td><td>确认项目</td><td>确认标准</td><td>确认方法</td><td>确认结果</td></tr>
<tr>
<td>
1
2
3
4
5
6
</td>
<td>
操作者培训时间不足
机器行程参数不准确
力矩值与标准不符
加强环来件变形
顶盖来件转运磕碰
要领书与实际操作差异较大
</td>
<td>
操作者熟练度和理解度达到100%
机器行程参数与标准数据一致
力矩值与标准力矩值一致
加强环与加强环检验台无间隙
顶盖来件转运无磕碰伤
要领书与实际操作一致
</td>
<td>
操作者具备上岗资质
参数与标准数据对比
检测扭力扳手与标准值是否一致
用检验台检查加强环
对零件转运进行检查
要领书与实际操作进行对比
</td>
<td>
非要因
是要因
非要因
是要因
非要因
非要因
</td>
</tr>
</table>

以上原因中要因是：序号_____、序号_____

| 2 | D | 制订对策 | 右侧制订对策方向是否全面：□是　□否
需要补充的对策方向是_____、_____、_____ | 针对要因，主焊班班组商讨制订要因对策如下：
1）机器行程参数不准确
对策1：更换刀头
目标1：机器行程参数准确
措施1：修整磨具，更换新刀头／调整运行机构增加垫片
2）加强环来件变形
对策2：改变加强环供货方式
目标2：加强环来件无变形
措施2：制作新供货箱，改变储存方式 |

（续）

序号	步骤		主要任务内容
2	D	对策实施	主焊班班组，按制订的计划认真执行，执行效果柱状图如下 以上对策实施是否实现活动目标：□是　□否
3	C	效果确认	本阶段最重要的是： ＿＿＿＿＿＿ ＿＿＿＿＿＿ ＿＿＿＿＿＿ ＿＿＿＿＿＿ ＿＿＿＿＿＿ ＿＿＿＿＿＿ ＿＿＿＿＿＿	由于目标没有达成，再次进行新的 PDCA 循环。分析过程如下： 　P 阶段：分析得出结论：焊接后存在残余应力，残余应力拉拽焊接起点堆积到焊接终点 　残余应力解决方法： ①优化焊接顺序；②焊点局部散热 　D 阶段：降低残余焊接应力 　对策 3：降低残余焊接应力 　目标 3：残余应力无拉拽堆积现象；降低热能，减少残余应力 　措施 3：优化焊接顺序，分散残余应力；增加铜合金板，焊点局部散热 执行效果柱状图如下 以上对策实施是否实现活动目标：□是　□否
4	A	巩固措施	为实现问题闭环管理，完善改进措施，制订修改后标准作业
		活动总结	要积累经验，班组成员平时工作多沟通、多合作，并加强全员培训

【评价反馈】

班组小组内合理分工，完成课题攻关作业任务后，结合个人、小组在课堂中的实际表现进行总结与反思。

评价项目	评价标准	分值	得分
知识准备	熟知 PDCA 循环的步骤与使用方法	10	
	理解鱼骨图的使用要点	10	
知识拓展	养成自主学习的习惯，树立企业高质量发展意识	20	
任务实施	P 阶段，班组成员积极讨论，头脑风暴讨论问题要因	10	
	D 阶段，积极讨论，制订有效的对策	10	
	C 阶段，效果确认环节，若目标没有实现，进行下一次循环	10	
	A 阶段，要善于进行总结	10	
综合表现	能与同学团结合作，积极讨论，严谨认真地完成学习活动，具备严谨、规范的工作作风	20	
合计		100	

考核成绩：_____   教师签字：_____

日期：   年   月   日

【课后测评】

1. 简述鱼骨图的作用。
2. 简述 PDCA 循环的步骤。

任务 8　开展 QC 小组活动

【任务描述】

不断地进行质量改进，提高产品或服务的质量，能够提高客户的满意程度，进而提高企业在市场中的竞争力。QC 小组是现代质量管理的重要组成部分，它能够推动企业进行持续的质量改进。掌握 QC 小组知识，会开展 QC 小组活动，是汽车制造人员必须要具备的职业技能。

【任务目标】

素质目标：

1）强化质量强国意识和强国有我意识。
2）培养问题意识，强化团队合作精神。

知识目标：

1）掌握 QC 小组相关知识。
2）掌握 QC 小组活动程序。

能力目标：

1）具备组建 QC 小组的能力。
2）具备带领团队开展 QC 小组活动的能力。

【任务书】 ▶ • ▶

×× 车企总装车间在 × 年 × 月出现智能线束装配质量合格率未达标的问题，经 QC 小组成员分析转向盘失效、倒车影像失效等现象，总结得出该问题是不良插接所致。QC 小组选取"降低横梁线束插接不良频次"作为课题开展 QC 小组活动，经过小组努力，最终该课题目标达成。假如你是该 QC 小组的组长，请带领小组成员了解课题攻关工作过程，模拟完成课题攻关任务，提升质量改进能力。

【知识准备】 ▶ • ▶

一、QC 小组概述

1. QC 小组的概念

QC（Quality Control）小组是在生产或工作岗位上从事各种劳动的职工，围绕企业的经营战略、方针目标和现场存在的问题，以改进质量、降低消耗、提高人的素质和经济效益为目的组织起来，运用质量管理的理论和方法开展活动的小组。

2. QC 小组的性质

QC 小组是企业中群众性质量管理活动的一种有效的组织形式，是职工参加企业民主管理的经验同现代科学管理方法相结合的产物。

3. QC 小组的组建

QC 小组是开展 QC 小组活动的基本组织单位。组建 QC 小组的工作做得如何，将直接影响 QC 小组活动的效果。为了做好组建 QC 小组的工作，一般应遵循"自愿参加，上下结合"与"实事求是，灵活多样"的基本原则。为便于自主地开展现场改善活动，小组人数一般以 3~10 人为宜。

4. QC 小组的成员

QC 小组成员主要包括组长和组员。QC 小组组长是 QC 小组的核心人物，一个 QC 小组能否有效地开展活动，组长起着重要的作用。

QC 小组组长可以是自荐并经小组成员认可的，也可以是由小组成员共同推举的。QC 小组组长的基本职责是组织领导 QC 小组有效地开展活动。其具体职责包括 3 个方面：①抓好 QC 小组的质量教育；②制订 QC 小组活动计划，按计划组织好小组活动；③做好 QC 小组的日常管理工作。

QC 小组组员可以是与所选课题有关的人员，也可以是一些岗位相近、兴趣爱好相投的人员。一般来说，对 QC 小组组员有以下 3 点要求：①应根据 QC 小组活动计划安排按时参加活动；②按时完成小组分配的任务；③为企业提出各种合理化建议，为 QC 小组提供活动课题。

二、QC 小组活动

1. QC 小组活动的宗旨

组建 QC 小组是为了开展活动。没有活动的 QC 小组是无生命力的，也就没有存在的必要。QC 小组活动的宗旨可以概括为以下 3 条。

（1）提高员工素质，激发员工的积极性和创造性　这是开展 QC 小组活动的着眼点。开展 QC 小组活动，是在平凡的工作岗位上进行创造性的劳动。小组成员主动找问题，与其他组员一起研究分析、解决问题，能改善工作环境，从中获得成功的乐趣，体会到自身的价值和

QC 小组活动

工作的意义。员工有了上述感受，便会产生更高的工作热情，激发出更大的积极性和创造性，自身的潜力才会得到更大限度发挥。

（2）改进质量、降低消耗，提高企业的经济效益　一个企业的产品、服务质量如何，影响企业在市场经济中的地位，甚至影响企业的兴衰。通过积极开展 QC 小组活动，可以不断改进产品质量、工作质量、服务质量，不断提高生产、服务效率，降低物质消耗，增强员工的效率意识和节约意识，提高企业的经济效益。

（3）改善现场管理，建立文明和令人心情舒畅的现场　现场是员工从事各种劳动，创造物质财富和精神文明的直接场所。通过开展 QC 小组活动，改善现场管理，建立一个文明和令人心情舒畅的现场是至关重要的。

在以上 3 条宗旨中，关键的一条是提高员工素质，激发员工的积极性和创造性。因为只有人的责任心强、技术业务能力高，又有积极性和创造性，才会千方百计地改进质量、降低消耗、提高经济效益，也才会建立起文明和令人心情舒畅的工作现场。后两条的实践会促进员工素质、积极性、创造性的进一步提高。所以，这 3 条宗旨是相辅相成的，缺一不可。

2. QC 小组活动的程序

QC 小组活动的具体程序是选择课题、现状调查、设定目标、分析原因、确定主要原因、制订对策、实施对策、检查效果。若目的达到，则制订巩固措施，进行总结并提出下一步打算；若目的未达到，则应分析原因。

（1）选择课题　选择课题即确定需要解决的问题。课题的来源一般有 3 个方面：一是指令性课题，即根据上级部门的实际需要，以命令的方式向 QC 小组下达的课题；二是指导性课题，通常由企业的质量管理部门根据企业的经营战略、方针目标的需要，推荐公布一批可供 QC 小组选择的课题，每个小组根据自身的条件选择力所能及的课题开展活动，这是一种上下结合的方式；三是由小组自行选择课题，由 QC 小组组员自身发觉工作中的难题，通过小组成员共同探讨、统一认识后确认的课题。QC 小组解决课题要遵循 PDCA 循环。

根据 QC 小组活动课题的特点和活动内容，可将小组活动课题分为"现场型""服务型""攻关型""管理型""创新型"5 种类型。

① 现场型课题。它通常以稳定生产工序质量、改进产品质量、降低消耗、改善生产环境为选题范围，课题较小，难度不大，是小组成员力所能及的，活动周期较短，比较容易出成果，但经济效益不一定大。

② 服务型课题。它通常以推动服务工作标准化、程序化、科学化、提高服务质量和效益为选题范围，课题较小，活动时间不长，见效较快。这类课题的成果虽然经济效益不一定大，但社会效益往往比较明显。

③ 攻关型课题。它通常以解决技术关键问题为选题范围，课题难度大，活动周期较长，需投入较多的资源，通常经济效益显著。

④ 管理型课题。它通常以提高业务工作质量、解决管理中存在的问题、提高管理水平为选题范围，课题有大有小。若只涉及本部门具体管理业务工作方法的改进，课题就小一些，若涉及多个部门的协作，课题就大一些，课题难度也不相同，效果也差别较大。

⑤ 创新型课题。这是 QC 小组成员运用新的思维方式、创新的方法，开发新产品（项目）、新方法，实现预期目标的课题。由于这种课题是以往不曾有过的，因此无现状可调查。但是，为实现预定的目标，可以有多种方案（由小组成员运用创新思维提出），小组成员应对各种方案进行分析论证和评价，必要时应进行模拟试验，选择最佳方案，然后付诸实施。

（2）现状调查　课题确定之后，就要了解课题涉及的问题严重到什么程度，确认小组能够改进的程度，从而为目标的设定提供依据。因此，小组成员应对现状进行认真调查，通过对收集的数据和信息进行分类、整理、分析，把问题的症结所在找出来。现状调查做得好，会给解决问题打下一个扎实的基础，因此，现状调查是很重要的环节，在整个 QC 小组活动程序中起到承上启下的作用。现状调查要考虑现场的实际作业情况，必须要用事实说话。

（3）设定目标　设定目标是确定小组活动要把问题解决到什么程度，为检验活动的效果提供依据。设定目标的过程中要考虑 5 个原则：第一，目标应是明确的，要用具体的语言清楚地说明要达成的行为标准；第二，目标要有一组明确的数据来衡量，即制订量化的标准；第三，目标要由 QC 小组成员共同制订；第四，目标要在现实条件下可行、可操作，目标既不能太低，也不能太高，应是小组成员通过努力能够达成的；第五，目标要有达成的时间要求。

（4）分析原因　问题明确、目标设定后，接下来就可以针对问题进行分析：究竟是什么原因造成这个问题。在分析原因时，应让 QC 小组成员充分开阔思路，从可以设想的所有角度收集可能产生问题的全部原因。可采用 5M1E 分析法进行原因分析。

（5）确定主要原因　通过分析原因，能分析出有可能造成问题的原因有很多条，其中有的确实是造成问题的主要原因，有的则不是。这一步骤就是要对诸多原因进行鉴别，把确实造成问题的主要原因找出来，将对存在的问题影响不大的原因排除，以便为制订对策提供依据。本环节，一般采用"鱼骨图"的形式确定主要原因。

（6）制订对策　主要原因确定之后，就可以分别针对所确定的每条主要原因制订对策。在制订对策时，要集中 QC 活动小组全员的智慧，找出对策。从若干对策中，根据效果、难易程度、经济性等进行判断，选出最佳方案。确定针对每一条主要原因采用的对策之后，就可制订对策表，把对策内容落实到对策表中去。

对策表是整个改进措施的计划，是下一步实施对策的依据，必须做到对策清楚、目标明确、责任落实。为此需按"5W1H"原则来制订。"5W1H"即 What（对策）、Why（目标）、Who（负责人）、Where（地点）、When（时间）、How（措施）。QC 活动小组常用的对策表见表 3-2。

表 3-2　对策表

序号	要因	对策	目标	措施	地点	时间	负责人
1							
2							
……							

上述对策表的排序前后是有逻辑关系的，所以，前 4 项的位置是不能改变的。一般来说，对策表中的对策是相对宏观的，措施是具体的。目标应尽可能量化，如果确实不能量化，要做到可以检查。

（7）实施对策　对策制订完毕，小组成员就可以严格按照对策表列出的改进措施计划加以实施。在实施过程中，组长除了完成自己负责的对策外，要多做一些组织协调工作，并定期检查实施的进程。在实施过程中，遇到困难无法进行下去时，应及时由小组成员讨论，如果确实无法克服，可以修改对策，再按新对策实施。

每条对策实施完毕后，要再次收集数据，与对策表中所定的目标进行比较，以检查对策是否已彻底实施并达到了要求。

（8）检查效果　对策表中所有对策全部实施完成后，即所有的要因都得到了解决或改进，就要按新的情况进行试生产（工作），并从试生产（工作）中收集数据，用以检查所取得的效果。

（9）制订巩固措施　取得效果后，要把效果维持下去，并防止问题的再发生。为此，要制订巩固措施，把对策表中通过实施已证明了的有效措施初步纳入有关标准，报有关主管部门批准，再到现场确认是否按新的方法操作（工作）和执行了新的标准、办法、制度。在取得效果后的巩固期内，要做好记录，进行统计，用数据明确成果的巩固状况。巩固期的长短应根据实际需要确定。

（10）进行总结并提出下一步打算　课题完成后，小组成员要坐在一起进行回顾和总结，明确哪些方面是成功的，哪些方面还不太成功，还有哪些心得体会，认真总结通过此次活动所取得的效果。

【知识拓展】

坚守高铁安全一线　诠释大国工匠精神

柯晓宾是中国通号西安工业集团沈阳铁路信号有限公司电器车间调整班班长，先后获得"中央企业青年岗位能手""中央企业技术能手""全国技术能手"等荣誉称号。

2003年，20岁的柯晓宾从铁路机械学校毕业后，进入中国通号西安工业集团沈阳铁路信号有限公司工作。2010年，柯晓宾参加当年的全国职业技能大赛，学习了关于继电器的理论知识。在此之前，柯晓宾在手法上、技能上已经积累了非常多的经验，而理论学习，让她明白了许多实践操作背后的原理。

某年，公司有一款继电器的新产品问世，相对于老产品，其安全性、可靠性、使用寿命都得到了很大的提高，但是该继电器的一个项点返修率非常高。柯晓宾带领QC小组成员开展课题攻关，通过不断地试验和调试，解决了该继电器在调整序的瓶颈问题，显著降低了返修比率。这件事给柯晓宾的触动非常大，通过调整序职工的努力，竟然可以解决继电器设计生产方面这么大的难题。自2017年柯晓宾创新工作室成立以来，柯晓宾带领团队攻克生产难题29项。"坚持做一件事情，把一件事情做到极致、做到最好。"当选党的二十大代表后，柯晓宾表示将继续坚守初心、不断前进。我们要学习她精益求精的精神。

课后调研： 请通过阅读书籍或者互联网搜索，调研一位为中国汽车工业高质量发展做出贡献的人物故事，并与同学分享。

【任务实施】

小贴士：

质量是企业的生命线。请秉持认真负责、精益求精的工作态度，强化质量意识，严格按照PDCA循环步骤，完成任务实施内容。

任务准备

1）知识：QC小组活动。

2）工具：PDCA循环。

注意事项

1）遵循 PDCA 循环，结合自身特点开展 QC 小组活动。

2）以事实为依据，用数据说话。

3）合理应用统计方法（QC 七手法）。

任务实施内容

根据教师指导和所学知识，开展 QC 小组活动，并记录活动研讨制订过程。

任务实施流程			
序号	步骤		主要任务内容
1		选择课题	该课题是_____型课题	××车企总装车间 QC 小组选取的课题名称是"降低横梁线束插接不良频次"
2		现状调查	现状调查的结果是_____	经过调查，发现平均每 50 辆车就出现 1 个不良品，发生的频次是 24 次；且发生频次随着配置的增加而增多。随着配置的增加，功能会增加，随之而来的线束插接作业也会增加
3		设定目标	从右侧柱状图可以看出，2 个月后将横梁线束插接不良频次降低为_____频次	目标设定柱状图
4	P	分析原因	此不良产生的原因要素是____、____、____和____。	QC 小组采用 5M1E 分析法，对人、机、料、法、测、环 6 个要素进行分析，发现此项不良问题不涉及机和测两个要素
5		确定主要原因	1）初步确定要因。小组成员讨论、分析绘制得到如下"鱼骨图" 从"鱼骨图"中可初步确定主要原因是 ①_____ ②_____ ③_____ ④_____	

（续）

序号	步骤	主要任务内容
5	P	**确定主要原因** 2）要因验证 　说明：针对线束插接问题，检查标准有 3 种：一是目视确认是否平行插入；二是手触确认有无震动感；三是耳听确认有无"嘎哒"声。 　① 作业空间不满足插接要求验证。通过 QC 小组反复验证，认真观察，发现出现 3 个问题：一是线束插接部位在仪表横梁下方，员工作业时单手、弯腰操作且视线受阻；二是线束插接部位在仪表横梁后方，员工作业时在无法直视的情况下进行盲插；三是机舱内部件与线束错综复杂，作业时存在与其他工区同样的动作互相干涉。所以此项原因"是要因" 　② 习熟度不足验证。通过习熟、习得表单确认，标准作业观察，文件背诵等手段验证，都合格，所以此项原因"非要因" 　③ 部件不合格验证。通过工具代替肉眼检查、使用废弃线束插接器代替等手段，没有检出不良，所以此项原因"非要因" 　④ 标准作业无法指导员工作业验证。按标准作业要求进行线束插接作业时发现，当地板线束第 4 点固定后，剩余的线束受长度限制，操作者需要一直用力拉着线束进行插接，这样就会产生一种向下的力，导致无法保证线束端子平行插入。所以，对标准作业进行更改，将原来的 4 个点都固定改成固定前 3 个点，这样就可以保证在无外力的基础上将线束平行插入，线束插接后再固定第 4 个点。经过 10 天的试验验证，线束插接不良频次有所下降，所以此项原因"是要因" 　经过以上分析，最终确定主要原因是 　①_____ 　②_____

序号	步骤	主要任务内容
6		**制订对策** 　针对要因，QC 小组商讨、实践验证，制订对策，形成如下对策表

序号	要因	对策	目标	措施	负责人
1	标准作业无法指导员工作业	标准作业更改	标准作业指导员工作业	修订作业要领书	×××
2	作业空间不满足插接要求	改变现有的训练方法	无论什么作业环境都能准确插接	改善训练台架、制订插接确认标准	×××

序号	步骤	主要任务内容
7	D	**实施对策** 　以上对策实施后，经过对策微调和不断验证，所有人的智能训练均合格，均实现了对策表中所定的目标 　以上对策是否实现了效果：□是　□否
8	C	**检查效果** 验证效果柱状图 　目标是否达成：□是　□否

(续)

序号	步骤	主要任务内容			
9	A	制订巩固措施	为达到问题闭环管理，QC 小组制订了如下巩固措施 | 序号	实现项目	责任人	今后推进方向
---	---	---	---
1	修订作业要领书	×××	实际作业与要领不符之处
2	成果分享	全员	将线束插接标准横展至所有线束插接工位，统一进行培训
3	作业观察	×××	发现问题及时改正，持续进行训练 | 指导的巩固措施是否可行：□是　□否			
10		进行总结并提出下一步打算	以身作则、激励下属；明确分工、划分责任。下一步 QC 小组将挑战："减少部件脏伤"课题，进行现场改善活动			

【评价反馈】

班组小组内合理分工，完成课题攻关任务后，结合个人、小组在课堂中的实际表现进行总结与反思。

评价项目	评价标准	分值	得分
知识准备	熟知 QC 小组活动程序与使用方法	10	
	理解鱼骨图的使用要点	10	
知识拓展	养成自主学习的习惯，树立企业高质量发展意识	20	
任务实施	小组成员积极讨论，充分讨论后得出结论	15	
	QC 小组活动程序要点充分运用到任务分析中	15	
	善于进行总结，凝练形成结果	10	
综合表现	能与班组人员团结合作，积极讨论，严谨认真地完成学习活动，具备严谨、规范的工作作风	20	
合计		100	

考核成绩：＿＿＿＿＿＿　　　　　　　　　　　　　　教师签字：＿＿＿＿＿＿

日期：　　年　　月　　日

【课后测评】

1. 请以宿舍成员为 QC 小组，开展 QC 小组活动解决宿舍卫生问题。
2. 简述个人在整个 QC 小组活动中的收获。

任务 9 建立现场变化点管理看板

【任务描述】

变化点管理看板是企业生产现场的基石。在企业生产制造过程中，及时处理好生产现场产生的变化点，能够解决生产现场中实际存在的质量问题，不断地提高产品质量和生产效率。掌握变化点管理知识，会建立现场变化点管理看板，是汽车制造人员必须具备的职业技能。

【任务目标】

素质目标：

1）培养质量意识，强化精益求精的工匠精神。
2）培养问题意识，激发创新精神。

知识目标：

1）掌握变化点管理相关知识与变化点管理的实施流程。
2）掌握现场变化点产生时的处理流程。

能力目标：

1）具备发现生产现场变化点的能力。
2）具备建立现场变化点管理看板的能力。
3）具备分析问题和解决问题的能力。

【任务书】

××工厂总装车间门线班组在生产制造过程中，出现了前保险杠与左前翼子板配合间隙不达标的质量问题。门线班组的班组长带领班组成员对人、机、料、法、测、环6个要素进行分析，确认导致质量问题出现的原因，进而制订对策措施，解决现场质量问题。假设你是门线班的班组长，请带领班组成员应用现场变化点管理知识，完善现场变化点管理看板建立任务，解决前保险杠与左前翼子板配合间隙不达标问题。

【知识准备】

一、变化点管理概述

1. 变化点的定义
变化点是指从通常状态变化为另外的状态的现象。变化点按是否可以预先掌握可分为计划内（能预先掌握）的变化点和突发性（不能预先掌握）的变化点。

2. 制造过程中变化点的定义

在生产制造过程中，由于各种原因导致的影响安全、质量等方面的人、机、料、法、测、环（5M1E）各要素从定常状态变化为非定常状态的现象，称为变化点。

3. 变化点管理的定义

为了保证即便是发生了变化点也能安全地制造出良品，通过在变化点发生前和发生后采取相应的措施，来保证安全、正常生产和产品质量，称为变化点管理。

变化点管理的关键在于在什么时间、由谁、采取什么样的措施，以及怎样保证措施正确、有效地实施。

4. 变化点管理的目的

任何质量问题的产生都必然存在着某种变化点，所以对变化点进行管理控制，识别变化点对产品生产和质量产生的影响，并通过有效的措施对变化点进行监控，将不断发生的变化控制在规定的范围内，能够保证生产的顺利进行和产品质量规格的一致性。如果对变化点管理不到位，就可能会造成批量性问题，严重时会出现安全性批量质量问题。

5. 变化点管理的意义

1）未雨绸缪。通过变化点管理，有利于加强对各环节的质量控制、改进，有效防止质量问题的出现及不良品流出。

2）亡羊补牢。做好变化点管理，当产品出现问题时有利于进行分析对策，对流出不良品追溯、处置。

3）持续改进。通过识别和管理变化点，执行 PDCA 循环，能够降低甚至消除变化点产生的破坏和影响。

6. 变化点管理对应的质量理念

1）不接受不良品。要树立强烈的质量把关意识，熟悉产品的质量标准和要求，若上道工序传递的产品有异常问题，应拒绝接受，并及时上报。

2）不制造不良品。要树立产品谁生产、质量谁负责的质量理念，透彻理解作业标准，严格遵循作业标准，同时加强学习，提高技能水平。

3）不流出不良品。要树立下道工序就是客户的质量理念，严格按照作业指导书进行检验，发现不良品及时标识、隔离、报告。

二、变化点管理项目

1. 变化点管理内容

生产现场变化点管理包含人、机、料、法、测、环（5M1E）6 个要素。这 6 个要素计划内的变化点及突发性的变化点具体内容见表 3-3。

表 3-3　5M1E 变化点具体内容

分类	5M1E	计划内的变化	突发性的变化
作业者可意识到的 5M1E 变化点因素	人	● 节拍变更、工序变更、人员互换 ● 援助、职位的变更 ● 年休、临时请假、临时替换、短期休息返回 ● 生产线外作业者的变更 ● 炎热时期、年休、作业前、下班时	● 临时离岗（例如上厕所） ● 突发年休 ● 作业中断 ● 生产线停止和再起动

（续）

分类	5M1E	计划内的变化	突发性的变化
作业者可意识到的5M1E变化点因素	机（设备）	● 改造工程、改修工程、模具改造、改修 ● 工具、量具的变更、交换 ● 设备的更新、设备移动、设备清洁 ● 定期的检查、保全 ● 防错装置的变更	● 设备故障、设备异常 ● 工具、量具的老化、磨损 ● 模具故障 ● 生产指标的变化 ● 测量仪器的故障、损坏
	物料	● 工序的变化、材料的变更、油类的变更 ● 备用品的使用情况 ● 精度修正、调整 ● 长期连休前后的对应	● 异常处置 ● 反追点检、追溯点检
	方法	● 工序变更、工法变更 ● 节拍时间变更、条件的变更 ● 生产线的试行、测试、量试	● 作业迟滞时的跟进 ● 作业中断时的跟进 ● 作业错误的跟进
	测量	● 检验标准发生变更 ● 使用新测量设备 ● 变更测量设备	● 测量设备（包括设备、检具、通用量具、检测用工装等）异常
	环境	● 环境因素变化（如温度，湿度） ● 异地生产 ● 环境因素出现异常 ● 测量环境发生变化	● 地震、台风、火灾
不易识别的变化	人、机、料、法	● 健康状态的变化 ● 模具、刀具的磨耗、现状变化 ● 消耗品的磨损	● 人为错误 ● 极少见的变化（例如供电系统中电压的突变）

2. "人"的变化点管理实例

本任务以"人"的变化点管理为例进行变化点分析。找出变化点后，对发生变化点而影响到的各个方面进行仔细考虑和分析，以掌握该变化对这些方面的影响，并建立相应对策，从而防止因变化产生的不良发生。具体分析内容见表3-4。

表3-4　"人"的变化点管理实例

序号	变化点	建立对策	变化点产生的影响
1	生产线上分配新人作业者	事前进行充分的培训教育，然后与老手分配在一起进行结组作业。由责任者进行评价后，才让新人进行一人单独作业	可能由于作业的失误、自作主张地作业，而导致工序遗漏、不良品流出
2	作业人员暂时离开作业	恢复作业时，须确认离开中断作业的前一作业的结果情况。离开人员离开时，要做好离开中断作业的标识	可能发生工序遗漏
3	作业负荷、人员配置的变更	事先确认不同作业的合适人员，再实施作业改善。人员配置、作业改善的结果要保留记录	可能由于难操作的作业而诱发作业失误
4	轮班的变更	切实地做好交接班工作（变化点和联系事项）	可能由于忘记联络而导致不良发生

三、变化点管理的实施流程

变化点管理的实施需要生产相关部门配合完成，实施流程主要包含以下5个步骤。

1. 建立变化点管理规则

变化点管理规则是将预计实施变化点管理的项目，用表格的形式予以明确，由质量部门建立，生产部门、工艺部门等相关部门会签完成。

2. 识别变化点并建立措施

变化点的识别可针对人、机、料、法、测、环 6 个要素进行，分解每个要素可能存在的变化点内容，并评估其可能带来的后果。变化点要素识别完成后，就需要根据变化点要素建立相应的措施。相关负责人需要对措施进行跟踪。

3. 实施变化点管理内容

变化点管理内容的实施需要建立各种表格。变化点发生时，要建立和填写 5M1E 变化点管理履历表、变化点引起问题的改善表等表格。根据各种表格相关内容和要求，进行变化点管理措施实施工作。

4. 建立变化点管理看板

变化点管理看板是变化点管理信息的一个工具，是变化点管理的重要跟踪手段。为了在变化点发生时，仍然能确保安全地制造出合格品，要将变化点的发生状态及采取的相应措施做到目视化，建立变化点管理看板，将变化点管理流程、变化点管理规则、5M1E 变化点管理履历表、变化点引起问题的改善表等各种材料、表格等在变化点管理看板目视。

变化点管理看板内容根据现场实际情况设定，没有统一的格式要求，一般包含班组生产线布局图、变化点管理实施流程、变化点标示牌、各种表格等内容。变化点管理看板样例如图 3-5 所示。

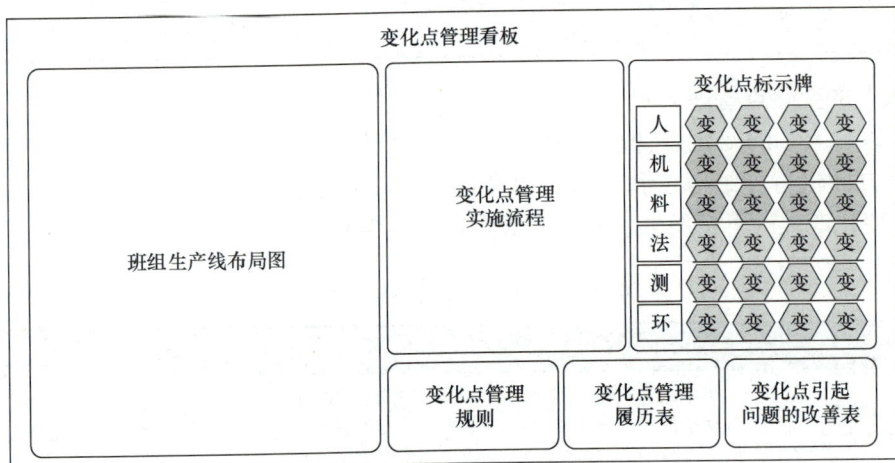

图 3-5 变化点管理看板样例

5. 实施跟踪与持续改进

变化点管理实施后，负责人根据流程规定做好信息处理的跟踪。发生各种变化时，需要经常思考处理的效果如何，当不良变化发生时，思考原因是什么、如何去防止。要进行持续改进，目标是发现变化并控制变化，通过一次次的教训总结积累，采用预防措施，杜绝或降低不良变化发生。

四、现场变化点产生时的处理流程

在生产制造过程中，不同要素发生变化点的处理流程基本相同，本任务以"人"的变化点管理为例，简述现场变化点产生时的处理流程。

1. 识别变化点

班组长按照变化点管理规则对本班组发生的"人"的变化点进行识别。在识别变化点后，在变化点管理看板上对变化点发生的位置和内容目视，并填写 5M1E 变化点管理履历表。5M1E 变化点管理履历表样例见表 3-5。

2. 首件确认

班组长对变化点发生后的首件质量及安全作业进行确认，并将确认结果填写在 5M1E 变化点履历表（表 3-5）的"首件质量"和"安全作业"两栏中，没有异常的写 OK，有异常的将问题记录到变化点引起问题的改善表（表 3-6）中，进行自主改善或主导相关人员改善，并将异常处置方法及再发防止对策措施填入变化点引起问题的改善表中，并跟踪、确认改善结果。

3. 初期管理

在首件质量及安全作业确认 OK 后，班组长依据变化点管理规则相关要求定期对变化点进行"质量"及"安全作业"确认，有异常的将问题记录到变化点引起问题的改善表中，并以问题点发生的时间为起点延长变化点管理周期。

4. 变化点管理解除

班组长确认变化点初期管理质量和安全 OK 后，在 5M1E 变化点管理履历表初期管理的"时间"栏中填写时间，在"质量判定""安全判定"栏中填写 OK，在"班组长确认"栏中签字，并通知质量人员进行变化点管理解除。

表 3-5 5M1E 变化点管理履历表样例

序号	识别变化点			首件确认			初期管理			班组长确认	
	日期	要素	变化点内容	首件质量	安全作业	确认者	时间	质量判定	安全判定	甲班	乙班
1	×月×日	人	王×× 离职，陈×× 顶岗	OK	OK	张××	××：××	OK	OK	张××	
2	×月×日	人	新员工赵×× 上线	OK	OK	张××	××：××	OK	OK	张××	
3	×月×日	人	杨×× 事假，李×× 顶岗	OK	OK	张××	××：××	OK	OK	张××	
...											

表 3-6 变化点引起问题的改善表

类别：1. 已发生 2. 现有 3. 预知										
序号	日期	类别	变化点内容	要素	引起的问题点	异常处置	对策措施	跟踪	班组长确认	
									甲班	乙班
1	×月×日	1	新员工上线	人	在工作中未能正确穿戴劳保用品	现场指导，纠正	加强新员工教育跟踪	方案对策已实施完成	张××	

（续）

序号	日期	类别	变化点内容	要素	引起的问题点	异常处置	对策措施	跟踪	班组长确认	
									甲班	乙班
2	×月×日	1	新员工上线	人	工作中引起质量异常	现场给予指导	增加此员工此岗位的培训	方案对策已实施完成	张××	
…										

【知识拓展】 ▶··▶

变化容易出错，必须做好变化点管理！

生产现场是制造型企业的中心，现场管理的好坏直接影响产品"质量、成本、交货期"各项指标的完成。生产现场质量管理的基本是保证不制造不良品，维持管理工程的良好状态是什么也不改变。但是，在生产现场每天都会发生很多变化，要继续保持生产出良品，就要对变化点进行事前的确认，将质量不良防患于未然。要防患于未然，就需要做好以下3点：

第一，要具备一定的专注精神，才能够发现生产现场中的变化，在变化中寻找不同的点即生产现场的变化点，产生变化点的因素很复杂，有可预知的和不可预知的。专注不仅能提高作业者的人身安全，也能够提高产品质量。

第二，坚持标记好现场变化点是如何发生变化的，保障人身安全及产品的质量安全。

第三，要经过不断地改革创新，把不可预知的变化点变成可预知的变化点，把可预知的变化点变成日常工作中的习惯。

课后调研：请通过阅读书籍或者互联网搜索，调研一种中国自主品牌变化点管理方面的相关案例，并与同学分享。

【任务实施】 ▶··▶

小贴士：

追求没有变化点的现场管理是企业的目标。请秉持质量至上、精益求精的工作态度，强化质量意识，按照现场变化点产生时的处理流程，完成任务实施内容。

任务准备

1）企业案例：变化点管理案例。

2）工具：变化点管理看板。

注意事项

1）分析过程中，注意从人、机、料、法、测、环6个方面分析现场变化点因素。

2）在建立变化点管理看板时，各种表格要考虑全面，不能漏项。

任务实施内容

根据教师指导和所学知识，建立现场变化点管理看板，并记录实施过程。

任务实施流程		
序号	步骤	主要任务内容
1	现场变化点的处理分析	**案例：**××工厂总装车间门线班组在生产制造过程中，出现了前保险杠与左前翼子板配合间隙不达标的质量问题 **现状分析：** 　　门线班组的班组长带领班组成员从人、机、料、法、测、环6个方面进行分析，分析得出现场的变化点有：①杨××病假，由李××顶岗；②王××离职，新员工赵××上线接替王××岗位的任务。其他要素没有变化 　　进一步现场观察、分析前保险杠与左前翼子板配合间隙出现质量问题的原因，发现是固定保险杠的顶紧螺钉没顶到位所致。该操作由新员工赵××完成，由于其工作不熟练，才导致出现了上述装配质量异常问题。同时，发现新员工赵××在工作中存在未能正确穿戴劳保用品的问题。以上情况的存在，导致质量不合格及作业存在安全隐患问题 　　通过以上现状分析情况，确认现场变化点的要素是： 　　□人　　□机　　□料　　□法　　□测　　□环 　　变化点处理流程： 　　1）识别变化点。通过上述班组存在的变化点分析，绘制并填写5M1E变化点管理履历表 　　2）首件确认。班组长对变化点发生后的首件质量及安全作业进行确认，并将确认结果填写在5M1E变化点管理履历表"首件质量"和"安全作业"两栏中。没有异常的写OK，有异常的将问题记录到变化点引起问题的改善表中。请在下方绘制并填写变化点引起问题的改善表 　　3）初期管理。班组长在首件质量及安全作业确认后，将有异常的问题记录到变化点引起问题的改善表中，并以问题点发生的时间为起点延长变化点管理周期 　　4）变化点管理解除。班组长确认变化点初期管理质量和安全OK后，在第一步绘制的5M1E变化点管理履历表初期管理的"时间"栏中填写时间，在"质量判定""安全判定"栏中填写OK，在"班组长确认"栏中签字，并通知质量人员进行变化点管理解除

（续）

序号	步骤	主要任务内容
2	建立变化点管理看板	结合上一步绘制的各种变化点管理相关表格，建立变化点管理看板，请将变化点管理看板绘制在下方
3	效果确认	通过以上案例的学习、分析与制作，你有什么收获

【评价反馈】

班组小组内合理分工，完成任务实施后，结合个人、小组在课堂中的实际表现进行总结与反思。

评价项目	评价标准	分值	得分
知识准备	熟知现场变化点管理知识	10	
	掌握现场变化点产生时的处理流程	10	
	明确建立变化点管理看板的要素	10	
知识拓展	树立看板管理工作理念，形成寻找变化点的工作意识	20	
任务实施	准确分析现场的变化点	10	
	变化点处理流程正确、完整	10	
	建立的现场变化点管理看板内容完整	10	
综合表现	能与班组人员团结合作，积极讨论，严谨认真地完成学习活动，具备严谨、规范的工作作风	20	
	合计	100	

考核成绩：＿＿＿＿＿＿＿＿＿＿　　　　　　　　　　　教师签字：＿＿＿＿＿＿＿＿＿＿

日期：　　年　　月　　日

【课后测评】

1. 简述建立变化点管理看板的注意事项。
2. 简述建立变化点管理看板的意义。

项目 4

现场生产管理

任务 10　认识精益生产方式

【任务描述】

　　精益生产是一种先进的企业生产方式和管理思想。其目的是提高劳动效率，彻底消除一切无效劳动和浪费，取得最大的经济效益，提高企业的竞争力。新形势下，中国制造业需积极实现转型升级，很多汽车制造企业都在学习和效仿精益生产方式。认识、了解精益生产方式，是汽车制造人员必备的职业知识。

【任务目标】

素质目标：

　　1）树立问题意识和精益生产意识。
　　2）树立生产现场消除浪费意识。

知识目标：

　　1）了解精益生产相关知识。
　　2）理解准时化思想和"自働化"思想。

能力目标：

　　1）具备准时化思想应用的能力。
　　2）具备"自働化"思想应用的能力。

【任务书】

　　精益生产方式代表着现今制造业的发展方向，被誉为"世界制造业的标准生产方式"。假如你是 ×× 汽车制造企业 ×× 班组的一名班组长，企业采用了精益生产方式，且取得了一定成效。请结合班组成员自身优势，分工探讨，小组合作，分析确定车间采用精益生产方式的理念及原因。

【知识准备】

一、精益生产方式概述

　　精益生产（Lean Production，LP）方式简称精益生产。其中精，即少而精，不投入多余的生产要素，只是在适当的时间生产必要数量的市场急需产品（或下道工序急需的产品）；益，即所有经营活动都要有益有效，具有经济效益。

精益生产方式既是一种以最大限度地减少企业生产所占用的资源和降低企业管理和运营成本为主要目标的生产方式，又是一种理念、一种文化。

精益生产方式的核心是消除一切无效劳动和浪费。精益生产方式追求精益求精和不断改善，去掉生产环节中一切无用的东西，每个工人及其岗位的安排原则是必须增值，撤除一切不增值的岗位；精简产品开发设计、生产、管理中一切不产生附加值的工作。

精益生产方式起源于20世纪50年代的丰田汽车公司，在20世纪80年代中期被欧美企业纷纷采用。

精益生产方式的优越性不仅体现在生产制造系统，也体现在产品开发、协作配套、营销网络及经营管理等各个方面。它是当前工业界最佳的一种生产组织体系和方式。

对于企业而言，如今的市场竞争日益剧烈，经济环境充满了不确定性，如何转型升级变得尤为重要，而精益生产是企业提升竞争力的有力方式之一。

二、精益生产方式体系架构

精益生产方式体系架构包含"一个目标""两大支柱"和"两大基础"。"一个目标"是以最优品质、最低成本和最高效率对市场需求做出最迅速的响应，最大限度地使客户满意。"两大支柱"是准时化和自働化。"两大基础"是现场5S管理和全员参与的改善活动。

精益生产方式体系架构如图4-1所示。

拉动式生产（Pull Production）是"准时化"得以实现的技术承载。拉动式生产是指一切从市场需求出发，根据市场需求来生产所需产品，从而拉动上一道工序的零部件加工。每个生产部门和流程根据后工序和流程的需要完成生产和制造，同时向前部门和前工序发送生产指令。拉动式生产可以确保在适当的时间进行生产，生产量也是适当的量，从而能确保企业不会维持高水平的库存和浪费，以满足交付需求。

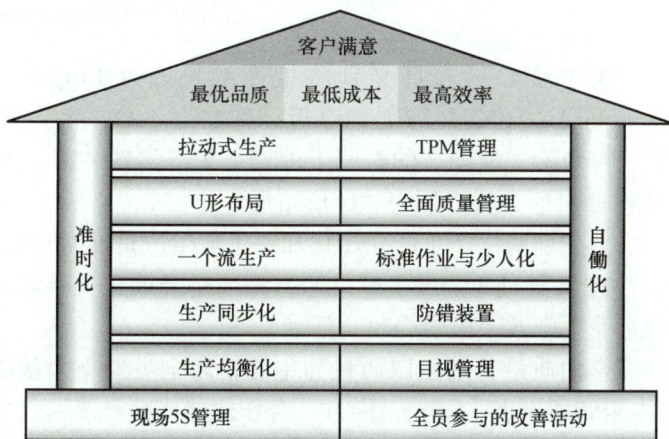

图4-1　精益生产方式体系架构

> **小提示：**
>
> 精益生产方式认为"库存是万恶之源"。精益生产方式中，几乎所有的改善行动都直接或间接地和消除库存有关，库存产品无法保证能够"先入先出"。先入先出（First In First Out，FIFO）是一种维持生产和运输顺序的实践方法。先进入加工工序或是存放地点的零件，应该是先加工完毕或是被取出的产品。这保证了库存的零件不会放置太久，从而减少质量问题。"先入先出"是实施拉动式生产的一个必要条件。

相对于过去的推动式生产（Push Production），即前一作业将零件生产出来"推给"后一作业加工，在拉动式生产中，后一作业根据需要加工多少产品要求前一作业制造正好需要的零件。"看板"就是在各个作业之间传递这种信息、运营这种系统的工具。与拉动式生产相对应的是推动式生产。在推动式生产中，每一工序都根据生产计划，尽其所能地生产，尽快完成生产任务，不管下一工序当时是否需要。传统的生产系统一般为推动式生产，推动式生产会造成物品的堆积。

U 形布局是精益生产的核心模块，是适应多品种、小批量、频繁插线和变线的生产方式的生产线布局，它以减少人力、物力的浪费为首要目标。U 形布局设备布置的要点是生产线的入口和出口处在相同位置。通过"拉动式生产"进行的准时生产，在这种设备布置的生产线中，在各工序都可以实现。由于出口和入口的作业由同一名作业人员来进行，生产线内在制品的数量就能经常保持一定。U 形布局设备布置如图 4-2 所示。

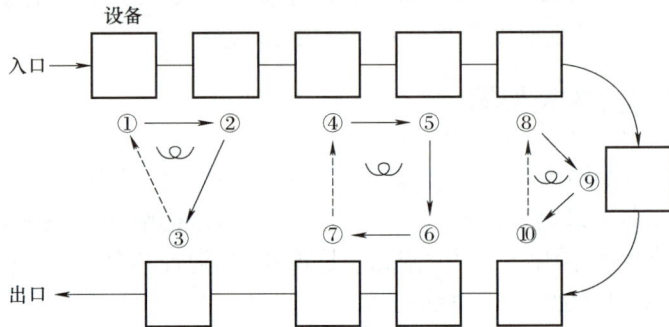

图 4-2　U 形布局设备布置

生产线 U 形布局必须将生产的投入点（Input，即材料的放置点）与成品的取出点（Output）的位置尽可能地靠近，称之为"IO 一致"的原则。也就是使投入点与取出点接近时，可免除"返回"的时间上浪费。为了实现"IO 一致"的原则，生产线的布局就像英文字母的 U 字形，所以称为"U 形布局"。

生产均衡化、生产同步化和一个流生产是准时化生产的三要素。

TPM 管理（全员生产维修）是通过开展全员维修与维护的活动，建立设备保全系统，追求企业生产效率极限的改善活动。

全面质量管理是以质量为中心，以全员参与为基础，目的在于通过让客户满意和相关方（本组织所有者、员工、供方、合作伙伴或社会等）受益而达到长期成功的一种管理途径。

标准作业是持续改善的最基本的前提条件，能够快速发现偏差，使产品质量和生产效率得到保障。少人化就是根据产量的多少来增减人工，这样的生产线也称为"少人化生产线"。

防错装置是指防止加工或装配不合格产品的装置，目的是防止人、材料和机器可能出现的错误，或者让人一眼就看到出现错误的位置，达到零缺陷的目的。

目视管理是利用形象直观而又色彩适宜的各种视觉感知信息来组织现场生产活动，达到提高劳动生产率的一种管理手段。简单理解，目视管理就是看得见的管理，透过目视管理的工具，诸如通过放置图表、看板，设置区域颜色，进行区域规划等工作将管理诉诸视觉，使人一目了然，以便迅速而容易地采取对策，防止错误的发生。

三、精益生产方式的两大支柱

1. 准时化

准时化（Just In Time，JIT）是在必要的时间、按必要的数量生产必要的产品。准时化又被称为准时制生产、适时生产方式。例如，在汽车组装零部件的工序中，需要的前工序的局部组装件（单元零部件）要在必需的时间、仅按必需的数量到达该生产线。

（1）准时化生产的三要素

① 生产均衡化：指总装配线在向前工序领取零部件时，应均衡地使用各种零部件，混合生产各种产品。

准时化

② 生产同步化：使物流在各作业之间、生产线之间、工序之间、工厂之间平衡、均匀、同步地流动。

③ 一个流生产：将作业场地、人员、设备（作业台）合理配置，使产品在生产时每个工序最多只有一个制品或成品，从生产开始到完成之前，没有在制品放置场地及入箱包装的作业。其目的是最大限度地排除搬运、避免在制品多以及可能出现大量不良品等无价值的现象。

（2）准时化生产的思维 准时化生产的思维是不断地追求零库存，零库存可以无限接近，但永远也达不到。这样，就可以不断地降低库存，对暴露出来的问题进行改进。经过如此周而复始的优化，能将库存降低到最低水平。

零库存是一种特殊的库存概念。零库存并不是不要储备和没有储备，而是指物料（包括原材料、半成品和成品等）在采购、生产、销售、配送等一个或几个经营环节中，不以仓库存储的形式存在，均处于周转的状态。在实施精益生产的企业里，库存被认为是最大的浪费，必须消灭。

准时化是一个不断改进的动态过程，不是一朝一夕就可以完成的，它需要企业持续改善才能达到目标。

2. 自働化

自働化是指将人的智能赋予设备，将不良品的产出率降到最低，提高工作效率，降低人工成本和材料成本。具体是指把防止在设备和生产线上大量产生不合格品的机构安装到机械设备上，设备能自律地控制不正常的情况，能实现具有人的判断力的自动化，即设备在发现生产出现异常或缺陷时能够自动使生产线停下来，这里的设备包含发现不合格零件就不让该零件通过生产线的安全系统。

自働化

（1）"自働化"与"自动化"的区别 自働化绝不是单纯的自动化，而是在各工序中自动控制异常情况。自働化是发现并且解决生产质量问题的"智能"自动化。二者的区别见表4-1。

表4-1 "自働化"与"自动化"的区别

分类	自働化	自动化
员工	多工序作业能提高生产率	作业更容易，但员工仍然需要"监视设备"
设备	设备自动识别错误并停止	设备一直运行至结束或停止键按下时结束
质量	自动停止，防止缺陷和设备故障	有可能造成设备故障和大批量质量缺陷
问题响应	机器在发生错误时停止，问题解决	错误在以后发现，问题解决需要更长时间

二者相似之处都是将人从设备操作中解放出来，用设备代替人员部分工作，提高作业效率。很多企业管理者将"自动化"当成了"自働化"，这也是很多企业在精益生产实施过程中

的误区之一。

（2）自働化的有效工具　自働化的有效工具是异常警示灯，即安灯（Andon）系统。安灯系统是指企业用分布于车间各处的灯光和声音报警系统，它是收集生产线上有关设备和质量等信息的信息管理工具。安灯系统主要用于实现车间现场的目视管理。在一个安灯系统中，每个设备或工作站都装配有呼叫灯，如果生产过程中发现问题，操作员（或设备自己）会将灯打开引起注意，使得生产过程中的问题得到及时处理，避免生产过程的中断或减少它们重复发生的可能性。

在汽车制造的各大车间都可以看到针对不同需求而设计的安灯系统。例如，汽车总装厂的各条生产线；发动机厂机加车间气缸体、气缸盖、曲轴、连杆、凸轮轴生产线；装配车间的分装线、总装线及试验生产线等。而且，它应用在各个门类的机械制造厂中，发挥着警示作用和及时的信息传递作用。安灯系统具有将问题阻止在最初的地方并及时解决问题的作用，是一种提高生产质量和效率的有效手段。

（3）自働化的功能

① 异常情况，立即响应，防止不良品流向下一工序。

② 设备自働化，人机分离，实现多工序操作，提升生产力。

自働化坚持贯彻的是"不生产不良品"，而非"发现不良品"。因而，从根本上来说，自働化的核心就是精益生产方式的核心思想——彻底消除浪费。

——发现问题就停机，避免生产过多不良品而导致浪费。

——发现问题就停机，避免不良品流入后道工序而导致其他浪费。

——发现问题就报警，通过及时处理避免等待和停工的浪费。

四、精益生产方式的两大基础

1. 现场 5S 管理

现场 5S 管理是最基础的现场管理方法，是企业现场提升的基础和提升制造效率最直接的方法，能够为生产过程提供安全的作业环境。现场 5S 管理是精益生产的重要基础，没有良好的现场 5S 管理，精益生产就无从谈起。

2. 全员参与的改善活动

（1）现场管理的主要问题　现场管理的两个主要问题：一是维持；二是改善。

维持是指从事保持现有技术、管理及作业标准的活动，以及支持这些标准所必需的训练和纪律；改善是以提高现有标准和状况为目标的活动。

维持是将所有定常的业务工作（包括细节的日常工作），用标准、流程的形式确定下来，并依此来执行和实施。维持的特点是保持以前做过的、已经标准化的作业，即 SDCA 模式（标准化 - 执行 - 检查 - 调整）。

改善是在维持的基础上，对标准、流程进行改进，使之更有利于质量、成本、交货期和效果向更好的方向改变。改善的特点是改善以前没有做过的、目前着手要做的作业，即 PDCA 模式（计划 - 执行 - 检查 - 处理）。完成后使之标准化、流程化，再次进入 SDCA 模式，变成日常工作，进行维持。

（2）实施现场改善应树立的观念

① 丢掉对工艺原有的僵化看法。

② 积极思考问题如何解决，事情怎样做，而不是找出不做的理由。

③ 不找借口，对现有方法提出质疑。

④ 不要求完美，但要马上实施，尽管不能完全达成预期目标。

⑤ 发现错误，立即纠正。

⑥ 现场改善活动要少花钱，最好不花钱。

⑦ 排除一切障碍，寻找解决方法。

⑧ 问5次"为什么"（5Why），寻找问题的真正原因。

⑨ 集思广益，而不仅是个人的意见。

⑩ 现场改善无处不在，永不停止。

改善永无止境，贯穿于生产现场管理的各个环节中，随着科技和认知的提升，要敢于质疑现行做法，集众人智慧并运用合理的改进方法做出现有条件下的最优方案。

【知识拓展】 ▶···▶

精益管理咨询

一直以来，企业生产精益管理咨询大部分由外国公司垄断，近些年来，随着国内公司管理水平的提升，大批中国本土企业在精益管理领域逐步占据市场。深圳华昊联合企业管理顾问有限公司成立于2012年，是一家以精益管理咨询为核心的企业，其专注于企业生产运营管理能力提升与精益化标杆工厂建设，以帮助企业提质、增效、降本、创新，促进企业永续经营为目标，打造的精益化工厂超过3000间，为企业培养的精益管理人才超过50000名，服务于华润集团、福耀玻璃、格力电器等公司。

课后调研：请通过阅读书籍或者互联网搜索，调研一个中国本土精益管理公司的相关资料，并与同学分享。

【任务实施】 ▶···▶

小贴士：

精益生产方式通过不断地降低成本、提高质量、增强生产灵活性、实现无废品和零库存等手段确保企业在市场竞争中的优势。请秉持精益求精、不断改善的工作态度，依据精益生产方式体系架构知识，完成任务实施内容。

任务准备

1）企业案例：准时化案例、防错装置案例。

2）工具：准时化、自働化。

注意事项

1）认真依据精益生产方式体系架构知识，完成案例分析任务。

2）案例分析充分依据精益生产方式的两大支柱进行。

任务实施内容

根据教师指导和所学知识，进行案例分析，并详细记录分析过程。

任务实施流程		
序号	步骤	主要任务内容
1	准时化案例分析	案例 1：××汽车企业焊装车间通过学习精益生产方式，推行拉动式生产，将四门两盖工段的大批量生产改善为小批量生产  现状分析： ① 采用单品种、大批量的压合和烘干方式。每个品种烘干完成后，更换吊具烘干下一品种 ② 在制品多，烘干炉的储备是车门 72 辆份、前盖和后盖各 36 辆份 ③ 占用工位器具多，四门两盖占用的工位器具共 64 个 ④ 占地面积大，共占用面积 126m² ⑤ 生产操作人员多达 16 人 ⑥ 吊具共有 81 个，更换吊具有 54 个 导致问题： ① 过量生产导致大量的资金被积压 ② 在制品过多，造成质量衰减 ③ 工件质量不好控制，质量问题源的追溯受到阻碍 ④ 现场摆放器具过多，造成秩序混乱、工位器具不足 ⑤ 制造过剩掩盖生产过程存在的计划、人员和设备管理问题 改善方法： ① 推行拉动式生产，降低标准在制品储备 ② 改善前后数据变化见下表 <table><tr><td>状态</td><td>储备/辆份</td><td>工位器具/个</td><td>人员</td><td>吊具/个</td><td>更换吊具/个</td></tr><tr><td>改善前</td><td>72</td><td>64</td><td>16</td><td>81</td><td>54</td></tr><tr><td>改善后</td><td>12</td><td>26</td><td>9</td><td>27</td><td>0</td></tr></table> ③ 四门两盖工段各项指标改善前后对比见下图

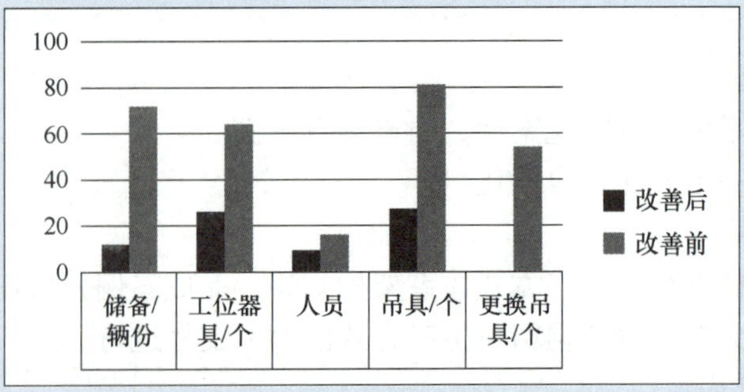

（续）

序号	步骤	主要任务内容
1	准时化案例分析	试分析，通过以上措施达到的改善效果，将改善效果填写完整 ① 只按节拍生产下道工序需要的产品，体现_____思想 ② 不会出现零件滞留，保证零件_____ ③ _____生产，很容易保证质量 ④ _____少，使问题源的追溯成为可能 ⑤ 减少_____，使工作现场整洁有序 ⑥ 能及时暴露出设备停台、_____等问题 试分析，该案例采用以上措施的原因
2	自働化案例分析	案例2：××汽车企业总装车间内饰生产线螺栓拧紧作业，采用"防错装置"生产，保证了高质量装配生产 红灯表示有异常　　蓝灯表示在作业状态　　绿灯表示通过 "防错装置"的监测系统主要采用的是安灯系统，检查结果由不同灯光反馈。红灯表示有异常（如螺栓拧紧不足），需要进一步检查，蓝灯表示在作业状态，绿灯表示螺栓拧紧符合要求，车辆通过本工序进入到下一道工序 试分析，该案例采用的精益生产方式的思想及采用原因
3	效果确认	通过以上两个案例的学习，你有什么收获

【评价反馈】

班组小组内合理分工，完成任务实施后，结合个人、小组在课堂中的实际表现进行总结与反思。

评价项目	评价标准	分值	得分
知识准备	了解精益生产方式概述和体系架构	10	
	掌握精益生产方式的两大支柱	10	
	掌握精益生产方式的两大基础	10	
知识拓展	养成自主学习、认真分析的习惯，树立精益生产意识	10	
任务实施	准时化案例分析准确	20	
	自働化案例分析准确	20	
	精益生产方式的两大支柱理解准确	10	
综合表现	能够在小组活动中团结合作，积极讨论。在完成任务过程中用心思考、善于总结	10	
合计		100	

考核成绩：_____　　　　　　　　　　　教师签字：_____

日期：　　　年　　　月　　　日

【课后测评】

1. 简述精益生产方式的两大支柱。
2. 简述汽车企业采用精益生产方式的原因。

任务 11　制订 5S 管理改进方案

【任务描述】

　　5S 管理是精益生产的重要组成部分，是精益生产系统的基础，是形成标准化的、卓越的、不断创新的企业文化的基础。目前，我国大多数汽车制造企业生产现场管理均采用了 5S 管理模式。掌握 5S 管理知识，会制订生产现场的 5S 管理改进方案，是每一位汽车制造人员都要掌握的基本职业技能。

【任务目标】

⚑ 素质目标：

1）树立认真做事、持之以恒的工作态度。
2）培养责任意识，提升良好的职业素养。

✎ 知识目标：

1）掌握生产现场 5S 管理内容。
2）掌握生产现场 5S 管理实施要点。

🔧 **能力目标：**

1）具备归纳总结现场问题的能力。
2）具备使用 5S 管理工具对现场进行改进的能力。

【任务书】 ▸·······························▸

汽车相关专业学生在学习汽车专业课程知识时，都需要在实训现场实习。一般汽车实训区会有汽车整车、零件、料架、工具、设备等一系列现场生产材料。假如你是汽车生产现场的班组长，请按照生产现场 5S 管理方法，对实训区现场进行排查与分析，找到改进点，针对改进点制订切实可行的计划与措施，从而实现规范化管理。

【知识准备】 ▸·····························▸

一、5S 管理概述

5S 管理是指工作场所的一系列净化活动，在生产现场中对人员、机器、材料、方法、环境等生产要素进行有效的管理，是一种现场生产管理方法。

5S 管理包含整理（Seiri）、整顿（Seiton）、清扫（Seiso）、清洁（Seiketsu）和素养（Shitsuke）5 项内容。

5S 管理能够改善生产现场环境、提升生产效率、减少生产浪费、保障产品质量。5S 管理的目的是通过实施一系列现场活动，将现场变得比以前更好。5S 管理是现场改善的基础。目前，很多生产企业都普遍采用 5S 管理方式。

1. 5S 管理的发展历程

5S 管理起源于日本，1955 年日本提出"2S"，即整理、整顿，"安全始于整理，终于整顿"，其目的是保证作业空间的充足和安全。后来由于生产控制和品质需求，增加了清扫，称为"3S"，再后来，增加了清洁和素养，称为"5S"。

5S 管理在日本逐渐发展之后，被欧洲和美国逐渐借鉴和接受，经过本土化改进后，逐渐在各生产企业中推广使用。在我国，从 20 世纪 80 年代开始，由于外资企业的逐步进入，5S 管理逐渐被国内企业所了解，并且从 20 世纪 90 年代开始，各生产企业逐渐建立起了"5S"管理制度。很多企业甚至在 5S 基础上增加安全、节约、服务、满意度、坚持等，发展为 6S、7S、8S、9S、10S，但是这些都是在"5S"基础上衍生出来的。日本、美国、德国企业的 5S 管理内容如图 4-3 所示。

2. 5S 管理的目的

5S 管理是精益生产和标准化的基础和出发点，通过 5S 管理使工位保持整洁，能提升工位安全性、人机工程符合率和生产过程的稳定性。

5S 管理后，只在工位上摆放工作需要的东西；所有东西各有其位；工位整洁并且一目了然；能够立即识别偏差；使"盲抓"成为可能；使工作简单化；更容易熟练操作；有利于保证操作安全、人机工程、过程质量。

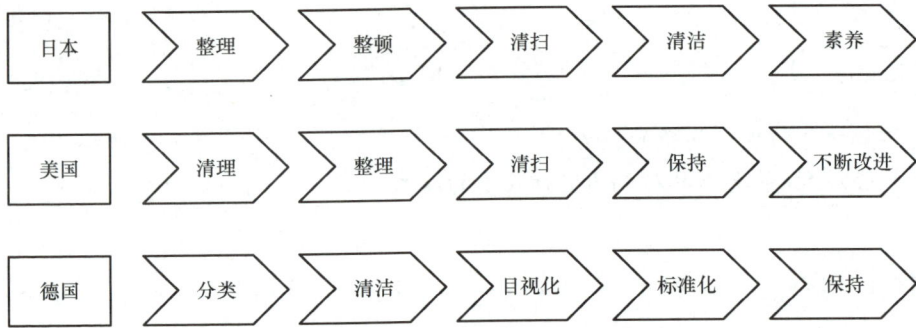

图 4-3　日本、美国、德国企业的 5S 管理内容

5S 管理训练：5S 管理的效果

在图 4-4 所示数字图片中，找到 1~20 中缺少的数字，并记录查找时间。

图 4-4　数字图片

1）图 4-4a 缺少的数字字符是：_____，用了_____s 找到。

2）图 4-4b 缺少的数字字符是：_____，用了_____s 找到。

3）图 4-4c 缺少的数字字符是：_____，用了_____s 找到。

4）图 4-4d 缺少的数字字符是：_____，用了_____s 找到。

通过以上训练，现场 5S 管理的目的和重要性显而易见。

二、5S 管理内容与实施

5S 管理包含整理、整顿、清扫、清洁和素养 5 项内容。

1. 整理

1）定义：把工作现场需要的物品（必需品）和不需要的物品（非必需品）明确地分开，把不需要的物品尽快处理掉，现场只保留需要的物品。

2）目的：节约空间；提高工作效率；保障安全生产；节省资金；保持工作场所干净整齐。

3）工作要点：要把不需要的物品彻底处理或丢弃，而不是"简单地收拾后，又整齐地放置废品"。

4）工作方法：通常，整理的实施是通过红牌作战完成的。

2. 整顿

1）定义：把需要的物品按需要时便于使用的原则整齐地放置，明确标示，以便无论是谁都清楚明白。

2）目的：工作场所一目了然；不浪费寻找物品的时间；消除过多的积压物品；保障安全生产。

3）工作要点：工具和物料的摆放要易于取用和归位，减少寻找物品的时间；通过目视管理，明确什么东西在何处，数量是多少，物品有无丢失；规划各种物品的放置场所，明确各种物品的摆放方法，对场所进行标识。

整顿常用的一个判断标准是使用频率，企业需制订处理标准，并按照标准执行操作。使用频率判断标准见表4-2。

表 4-2　使用频率判断标准

序号	物品名称	使用频率	处理标准
1	××××	1年内没有使用过	报废处理
2	××××	1年使用1次	暂存仓库 / 缓存区
3	××××	2~6 个月使用 1 次	暂存仓库 / 缓存区
4	××××	1月使用 1 次	工作场所集中存放，做好标识
5	××××	1周使用 1 次	工作场所集中存放，做好标识
6	××××	3 天使用 1 次	放置在工位附近，做好标识
7	××××	1 天使用 1 次	放置在工位附近，做好标识
8	××××	1h（或随时）使用 1 次	放置在工位附近 / 随身，做好标识

4）工作方法。"三定原则"是5S管理整顿工作的工作原则。"三定原则"指定点（定置）、定容、定量。

① 定点（定置）：规定现场所有物品放置到合适的位置。应该遵循两个原则，一是位置要固定，二是根据物品使用的频率和使用的便利性来决定物品放置的场所。

② 定容：现场物品应放置到固定的容器和区域内，并进行合理标识。所使用的容器的大小、材质等，应当符合存放物品的要求。

③ 定量：核定区域堆放物品的数量。确定物品放置数量的原则是在不影响工作的前提下，存放的数量越少越好。

整顿还有"三要素"：

① 场所：指定放置场所，消除寻找。

② 方法：设计存放方法，易于取放（先入先出）。

③ 标识：明确物品类别，避免混用（标签、指示牌使用）。

同时，可按照"形迹管理"对物品进行归位。形迹管理是根据物品或工具的"形"来管理归位的一种方法。可以根据物品的形状进行归位，使物品对号入座的同时，也能做到一目了然，方便取放。

小提示：

形迹管理是将物品按其轮廓、投影等形状进行定位标识，以方便取用和归还的目视管理方法。

在工作现场使用工具时，把频繁使用的工具放在腰部到肩部之间的位置，便于取放，提高效率。

生产中的设备、工具、物料等分为直接生产、辅助生产和封存待判定3种，可以按照不同颜色进行区分标识，常使用蓝色（直接生产）、黄色（辅助生产）、红色（封存待判定）胶带来标记。

胶带位置：所标识区域的外围，距离为30~50mm；胶带宽50mm；胶带长150mm；胶带的长度和宽度可以在保持比例的条件下改变。3种不同生产范围标识如图4-5所示。

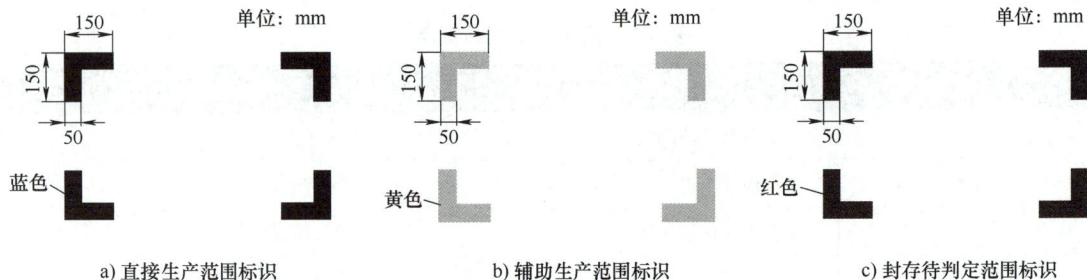

| a) 直接生产范围标识 | b) 辅助生产范围标识 | c) 封存待判定范围标识 |

图4-5　3种不同生产范围标识

3. 清扫

1）定义：清除现场内的脏污，清除作业区域的物料垃圾。

2）目的：将工作场所及其设备内部清理干净，并保持整洁；及早发现设备隐患；减少现场粉尘、化学气体等工业伤害。

3）工作要点：自己使用的物品要自己清扫，对设备的清扫要着眼于对设备的维护。

4）工作方法。

① 将生产现场物品进行分类，按照类型不同和设备清擦维护要求确定清扫标准和所使用的清扫用具，确定清扫频次和负责人，并建立日常检查监督机制，保证措施执行到位。

② 对于精密、贵重的设备，需结合设备使用维护手册选择清扫工具，并明确操作标准，避免清扫过程中造成的设备损坏。

③ 若在清扫过程中出现设备漏油、漏水等情况，清扫后需报修，找到泄漏原因并修复。对于持续出现的泄漏情况要重点关注。

清扫工作方法见表4-3。

表4-3　清扫工作方法

类型	名称	清扫标准	清扫频次	负责人
现场	地面	无水垢、污渍、垃圾……	1次/班次	×××
	……	……	……	…
设备	三合一加注机	表面干净、无泄漏……	1次/天（白班）	×××
	……	……	……	…
工具	电动扳手	表面干净、接触牢靠……	1次/周	×××
	……	……	……	…
	……	……	……	…

4. 清洁

1）定义：将整理、整顿、清扫实施的做法制度化、规范化，维持其成果。

2）目的：认真维护整理、整顿、清扫的效果，使其保持最佳状态。

3）工作要点：车间环境、物品、作业人员都要清洁。

为机器、设备清除油垢、尘埃为"清扫"，而"长期保持"这种状态才是"清洁"。清洁的状态包含 3 个要素，缺一不可：一是干净，二是高效，三是安全。

清洁可以消除潜在的危险源。

> **注意：**
>
> 　　清洁不是简单的清扫，通过对现场和设备的清擦维护，在保证清洁的前提下，能够提前发现设备的异常情况，及时进行处理。

4）工作方法：制订员工日常点检记录和监督检查记录，按照PDCA模式持续保持并改进。PDCA 模式改进方式如图 4-6 所示。

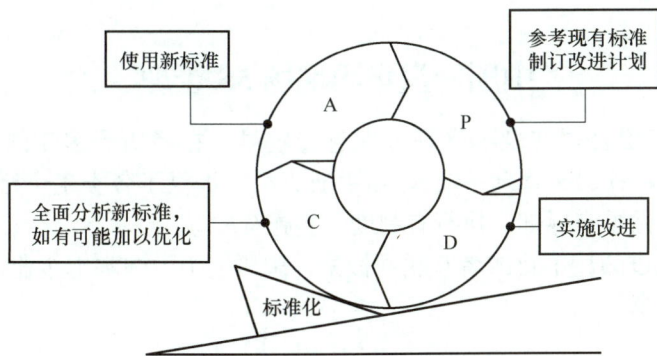

图 4-6　PDCA 模式改进方式

5. 素养

1）定义：指作业人员按章操作、依规行事，养成良好的习惯，使每个员工都成为有教养的人。

2）目的：提升员工的素质；培养具有好习惯、遵守规则的员工；营造团体精神。

3）工作要点：素养是 5S 管理的核心，素养要求把浅显易懂的事情、把谁都能做到的事情形成习惯。

5S 不仅仅是 5 个字母的简单组合，整理→整顿→清扫→清洁→素养不是简单的词语组合，而是一个有递进关系的、有前后顺序的实施推进过程，更是一套解决问题的逻辑思维方法的应用体现。从逻辑上说，5S 的 5 项内容已经完整地描述了一个改善循环过程。

三、5S 管理推进方法

1. 定点拍照

定点拍照是对同一地点，面对同一方向，在同一高度，用相机（或摄像机）将现场改善前、后情况拍摄下来，再将改善前、后对比照片在目视看板上展示出来。

作用：直观效果明显；保存资料，便于宣传；员工能看见改善前、后的效果对比；鼓励员工积极改善。

2. 红牌作战

红牌作战即使用红色牌子或标签，用来区分生产现场中不需要的物品。对不需要的物品贴上标签或悬挂红牌，让大家积极地去改善，从而达到整理、整顿的目的。

红牌作战一般在"整理"步骤采用，是眼睛可以看得到的整理方法，可以清楚地显示要与不要。

作用：及时发现问题；快速整改问题；强化员工 5S 意识；提高习惯养成速度。

3. 目视管理

目视管理是 5S 管理在视觉上的呈现，5S 管理其实就是一种以"目视化"为目的的改善活动。目视管理是利用形象直观、色彩适宜的各种视觉感知信息来组织现场生产活动，达到提高劳动生产率的一种管理方法。

作用：使作业人员一眼就知道何处有多少东西，有多少数量；便于管理者掌握工作的进展状况，并能及时发现与解决工作过程中出现的问题。

【知识拓展】 ▶‥‥‥‥‥‥‥‥‥‥‥‥‥‥‥‥‥▶

中国一汽集团现场 5S 管理

中国第一汽车集团公司在现场管理方面起步较早，在经历了多年的积累和沉淀后，在2018 年制订了《中国一汽 5S 管理手册》。该手册为员工提供了各类生产行为标准，有很强的约束性，从而使员工做事有标准、执行有制度、实施有方案。

课后调研：请通过阅读书籍或者互联网搜索，调研一个中国本土企业生产现场 5S 管理经典案例，并与同学分享。

【任务实施】 ▶‥‥‥‥‥‥‥‥‥‥‥‥‥‥‥‥‥▶

> **小贴士：**
>
> 　生产现场 5S 管理是精益生产的重要手段，是很多企业都采取的现场管理方式，所以一定要掌握现场 5S 管理的相关知识和实施方法。

任务准备

1）知识：现场 5S 管理的工作要点。

2）知识：现场 5S 管理的工作方法。

注意事项

1）在进行现场 5S 管理工作中，要全面了解现场使用的设备、工具等。

2）在制订解决措施时，一定要注意措施落地、实用，不要过度执行。

3）措施执行要充分考虑团队成员能力的优劣势。

任务实施内容

根据教师指导和所学知识，制订 5S 管理改进方案，并记录方案研讨制订过程。

任务实施流程			
序号	步骤	主要任务内容	
1	整理	确认生产现场具有的物品类型 □现场空间 □设备 □工装 □工具 □料架 □零件 □目视板 □办公用品 □柜子 □班组园地 □车辆 □低值易耗品	1）通过对现场情况进行统计，发现需整理的物品 2）根据现场物品类型制作红牌作战清单
2	整顿	1）根据使用频率，讨论确定重要度，制订处理方法，填写清单 清单至少包括以下表格中的内容： | 序号	物品名称	使用频次	处理方法
1			
2			
3			
4			
5				 2）现场哪些物品需要重新进行目视处理，具体怎样操作 ①直接生产 ②辅助生产 ③封存待判定	

（续）

序号	步骤	主要任务内容
2	整顿	3）现场还可以采用哪种方法进行改进
3	清扫	1）制订清扫标准，确定清扫频次和负责人（制作表格） 2）建立日常检查监督机制，保证措施执行到位 3）设备泄露异常情况记录
4	清洁	1）绘制员工日常点检记录 2）绘制监督检查记录
5	素养	1）根据现场的实际情况，全体人员对规则予以确认 是否确认：□是　□否 2）努力养成遵守规则的习惯 是否认同：□是　□否 3）明确整理、整顿、清扫、清洁状态的标准并认真贯彻执行 是否认真执行：□是　□否

【评价反馈】

班组小组内合理分工，完成现场 5S 改进任务后，结合个人、小组在课堂中的实际表现进行总结与反思。

评价项目	评价标准	分值	得分
知识准备	明确 5S 管理的目的	10	
	掌握 5S 管理的实施做法	10	
	掌握 5S 管理的推进方法	10	
知识拓展	养成 5S 管理的工作习惯，形成现场 5S 管理意识	10	
任务实施	整理环节实施准确	10	
	整顿环节实施准确	10	
	清扫环节实施准确	10	
	清洁环节实施准确	10	
	素养环节意识明显	10	
综合表现	能够在小组活动中团结合作，积极讨论。在完成任务过程中用心思考、善于总结	10	
合计		100	

考核成绩：_____　　　　　　　　　　教师签字：_____

日期：　　年　　月　　日

【课后测评】

1. 简述 5S 管理的工作方法。
2. 谈谈个人在本次任务中的收获。

任务 12　编制标准作业指导书

【任务描述】

标准作业是精益生产的依据，是现场管理的基础，是现场持续改善的最基本的前提，是完成工作的可靠保证，也是低成本地生产必要数量的市场急需的高品质产品的必要手段。掌握标准作业知识，会编制标准作业文件，是每一位汽车制造人员都必须要掌握的基本职业技能。

【任务目标】

▶ 素质目标：

1）培养标准意识，树立改善意识。
2）强化追求极致、严谨认真工作态度。

知识目标：

1）掌握标准作业三要素。
2）掌握标准作业指导书的编制方法。

能力目标：

1）具备归纳总结现场数据的能力。
2）具备编制标准作业指导书的能力。

【任务书】

汽车实训现场四轮定位工位操作过程比较复杂。在一般实训场地，指导作业的文件只有设备使用操作规程，不能很好地指导整个四轮定位操作。假如你是汽车生产现场的班组长，请按照标准作业指导书编制方法，针对操作的各环节及操作要点，结合班组成员自身优势和工作岗位情况进行合理分工，编制四轮定位操作标准作业指导书。

【知识准备】

一、标准作业概述

标准作业

标准化是精益生产成功实施不可或缺的基本要素。标准化能够防止企业管理水平下滑，没有标准化，企业不可能维持在较高的管理水平。标准化并不是一种限制和束缚，而是将企业优秀的做法固定下来，使不同的人来做都可以做得很好，发挥最大成效和效率。标准化不是僵化、一成不变的，标准需要不断地创新和改进。标准化在精益生产中的专业术语是标准作业，采用标准作业能通过有效率的劳动提高生产效率。

1. 标准作业的含义

标准作业（Standard Operating Procedure，SOP）是以人的动作为中心，通过没有浪费的操作顺序安全且有效地生产出高质量产品的作业方法。

标准作业将人、物、机器有效地组合，充分考虑现场管理中的质量、成本、生产物流的时机、安全等因素，按目标设定的最有效作业标准，要求全员必须遵守、严格实施并不断改善。标准作业对工作流程来讲是必须遵守的规定，作业人员要熟知，需要经过培训，并在工作中持久地保持。

标准作业不是一成不变的，当有更好的操作方法产生时，就要更新。

2. 标准作业与作业标准的区别

1）标准作业是以人的动作为中心，强调的是人的动作。

2）作业标准（Operation Standard）是对作业步骤、内容、方法、注意事项及质量标准进行设定的管理标准。

作业标准是对作业人员的作业要求，强调的是作业的过程和结果。作业标准是根据工艺图样、安全规则、环境要求等制订的必要作业内容、使用什么工具和要达到的目标。作业标准是每个作业者进行作业的基本行动准则，标准作业应满足作业标准的要求。

3. 标准作业的特性

1）在作业中能够反复进行的实施作业，可以建立标准作业。

2）在机械设备以及生产线的运行中，不能有太多故障发生。

3）要求产品的质量要尽可能保证，以减少作业过程问题的发生。

4. 标准作业的目的

1）通过必要的、最少数量的作业人员进行生产——省人化。

2）实现与准时生产有关的各工序间的同步化——生产线平衡。

3）把在制品的标准持有量限定在必要的最小数量——标准持有量。

> **小提示：**
>
> 在制品（Work In Process，WIP）指某工序在生产过程中某一刻需要加工的半成品（相对各工序而言）。

二、标准作业三要素

1. 节拍时间

节拍时间是生产一个单位产品所必需的时间。节拍时间由一天的实际劳动时间和一天必要的生产数量，按下面的公式确定：

$$节拍时间 = 一天的实际劳动时间 / 一天必要的生产数量$$

一天的实际劳动时间包含设备故障、等待材料的空闲时间、修理时间、疲劳、休息时间；必要的生产数量，不包含预计不合格品的生产量。

> **小提示：**
>
> 精益生产中的标准作业范围不是以工位为边界，而是以节拍时间为边界。这样按统一节拍时间生产，才能实现整个生产线的同步化。传统的标准作业通常是以作业的物理范围为边界。

2. 标准作业顺序

标准作业顺序是指每名作业人员应该执行的（效率最高的）各种作业的标准顺序。

它是实现高效率的重要保证，是多技能工在同时操作多台不同机床时应遵循的作业顺序，即取材料、上机加工、加工结束后取下，及再传给另一台机床的顺序。这种顺序在不同作业人员间共同遵循着。

好的作业顺序是没有多余的无用动作的作业顺序，因此是效率最高的作业顺序。只有深入生产现场进行仔细观察，认真分析作业人员的每一个动作，使其做到动作最少、路线最短，才能制订出好的作业顺序。

> **小提示：**
>
> 标准作业顺序不是沿着流水线移动的作业顺序。

标准作业顺序是根据节拍时间和最大效率（最小浪费）进行组合设计。图 4-7 所示是一个典型的 U 形布局生产线，其共有 7 个工作台位，生产线只有 2 个操作工，操作工 1 的工作内容包括 A、B 和 G，操作工 2 的工作内容包括 C、D、E 和 F。

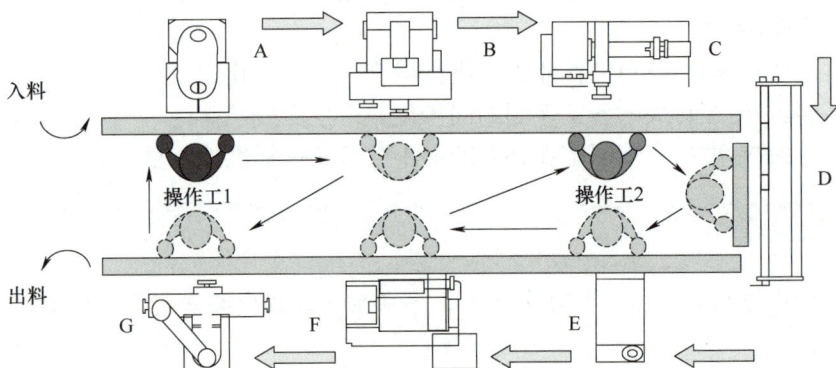

图 4-7　U 形布局生产线

所以，操作工 1 的标准作业顺序包括 A、B 和 G，而如果按流水线移动的顺序（工艺顺序），理所当然的应该是 A、B、C……，无论如何都不可能包含 G，除非从 A~G 都由操作工 1 一个人完成。

在这里，需要区别"工序顺序"和"作业顺序"。工序顺序是工艺文件上规定的加工先后顺序，作业顺序是作业者的生产操作顺序。实际生产中，作业顺序与工序顺序往往不相同。

3. 标准持有量

标准持有量是指生产线上，按照标准作业规定的作业顺序进行操作时，作业中所必需的、最小限度的在制品数量。入料口和成品存放场的库存不属于标准持有量。

标准作业之所以由节拍时间、标准作业顺序、标准持有量 3 个要素构成，是因为要实现标准作业的 3 个目标。

三、标准作业文件

作业文件是为了完成某一项或同一类型工作而专门编写的指导性文件。作业文件主要用于阐明过程或活动的具体要求和方法。常用的标准作业文件有工序能力表、标准作业组合表、标准作业卡、标准作业指导书等。

1. 工序能力表

工序能力是指各工序加工零件的生产能力。即各工序（机器）进行生产时，考虑到手动作业时间、设备的加工时间、更换刀具的时间，单班所能加工的最大数量。

工序能力表是在各道工序加工零件时，记录各道工序生产能力的文件。工序能力表用来核算生产线瓶颈工序在哪里，还可以看出"拖后腿"的是设备还是手动作业。

2. 标准作业组合表

标准作业组合表是为了作业分配，即决定作业程序所使用的一种作业文件，可明确各工序的手工作业时间、步行时间及机械作业的经过时间。标准作业组合表用于考察节拍时间内一个作业人员能负责多大范围最有效的作业，另外，还要记入自动进给时间（包括传送时间），看人和机器能不能进行更有效的组合。

3. 标准作业卡

使用标准作业卡是为了了解全体作业人员的作业状态，记录每一个人的作业范围、生产节拍、标准作业顺序、标准持有量、质量确认、安全及注意事项等。

标准作业卡是作业人员遵守作业的准则，起到监督人员目视管理的检查表的作用，是监督者（班组长）发现工位问题点和指导作业人员的依据。

4. 标准作业指导书

标准作业指导书也称为标准作业要领书，是在标准作业卡的基础上细化操作要点，是按标准作业顺序记载作业人员在执行该作业时必须遵守的事项和切实执行的标准。

标准作业指导书相比于操作规程，更加详细地描述了操作内容、操作步骤、技术要求、操作时间、风险识别等相关操作要素，更利于指导操作过程。它体现了具体应遵守的顺序、要点、目标等，写出了执行该作业顺序的关键点。为了容易理解，可加入示意图，它是详细记录现场作业的行动指南。

四、标准作业指导书的编制

1. 标准作业指导书编制的针对点

标准作业就是针对生产作业中的重复作业，如图4-8所示，通过规范标准工艺文件，达到现场每一个操作循环都遵循同样的作业标准的目的。

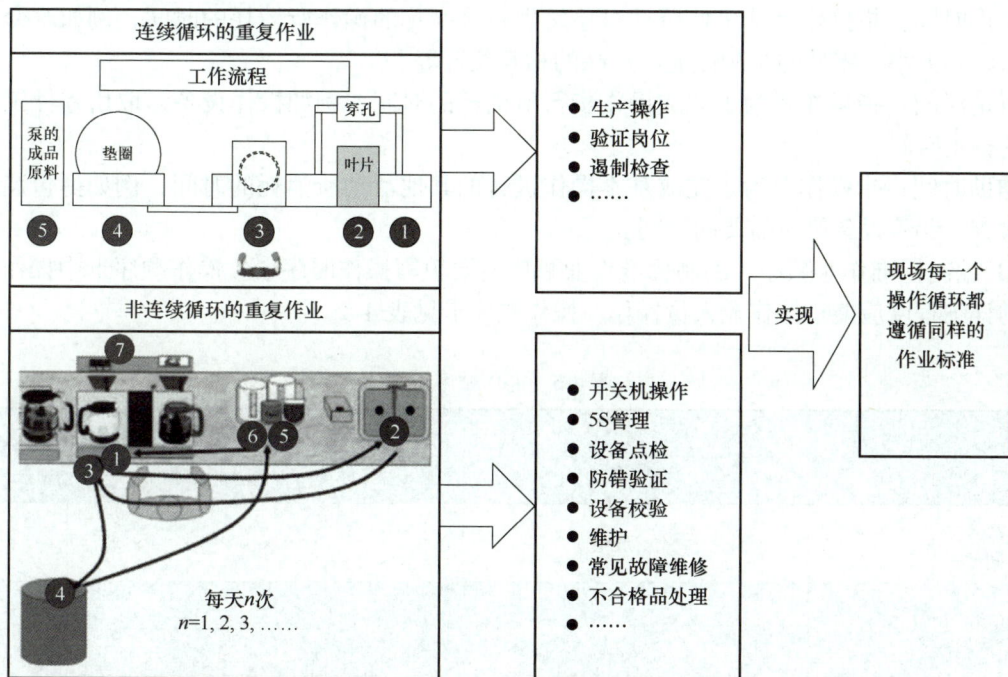

图 4-8 重复作业类型

2. 标准作业指导书编制的流程

标准作业指导书编制需根据工艺规划部门文件、工艺要求、质量标准、生产计划等进行编制，既要考虑到工艺要符合要求，又要关注节拍时间要求。

标准作业指导书编制的流程包括5步：确定节拍时间→编制标准作业顺序→编制操作方

法→编制行走路线图→编制标准作业指导书。

1）确定节拍时间。在现场进行生产节拍观测，观测人的手动作业时间、机器设备加工时间，确定节拍时间，填写现场测时表。现场测时表见表4-4。

表4-4　现场测时表

车间：		生产线：				工位：		
序号	操作步骤	测时结果 /s				工时类型 /s		
		1	2	……	平均数	操作时间	行走时间	辅助时间
1								
2								
3								
4								
…								

现场测时表要对岗位、零件、工位、工序的所有实际情况进行完整的记录，然后对操作时间进行测定、计算和分类。现场测时要采用多次测量取平均数的方式进行，一般情况下至少测量5次。

操作时间：指操作者从事使劳动对象发生直接变化的操作所消耗的时间，例如改变了产品的形状和大小、零件的结构性能、产品的相互位置等。

行走时间：指操作者为了完成操作步行所消耗的时间，例如操作设备、取用零件工具所进行的行走时间。

辅助时间：指操作者为了完成基本操作进行的其他活动所消耗的时间，例如拆包装、等待、检查、起停设备等所需要的时间。

2）编制标准作业顺序。编制标准作业顺序时要填写操作顺序卡。操作顺序卡中操作内容描述的详细程度应能指导作业人员操作。操作顺序卡见表4-5。

表4-5　操作顺序卡

×× 工位标准操作卡（操作顺序卡）						
车间	工段	班组	工位号	产品型号	节拍 /s	工位
××××车间	××××工段	×× 班组	×× - ××××	××××	××	××
序号	模块	工作内容	操作内容描述	时间 /s		
				操作时间	行走时间	辅助时间
1						
2						
3						
4						
…						

针对行走过程，应描述出行走的距离、起点和终点位置；针对取 / 放件（零件、物品和工具）过程，应描述出取 / 放件位置和取件的名称；针对操作 / 辅助过程，应描述出动作名称、动作对象的名称、使用的工具名称等。

3）编制操作方法。操作方法卡是以工作的不可拆分为基本原则，这样才能确保在节拍发生变化的过程中，最大限度地减少操作方法卡的更改工作量。

操作方法卡描述的是一个岗位、零件、工位、工序的具体操作步骤、作业方法、注意事项、操作时间、行走时间、辅助时间等。操作方法卡见表 4-6。

表 4-6　操作方法卡

×× 工位标准操作卡（操作方法卡）						
车间	工段	班组	工位号	产品型号	节拍 /s	工位
××××车间	××××工段	××班组	××-××××	××××	××	××
序号	操作步骤	作业方法	注意事项	时间 /s		
				操作时间	行走时间	辅助时间
1						
2						
3						
4						
...						
图片描述						

作业方法的描述应根据需要细化到动作，如身体的位置，左、右手的工作，是否能双手操作；还应描述出涉及的零件名称和数量，以及使用的设备 / 工具名称。

各类时间的填写数据应同现场测时表中的数据一致，在必要时，使用图片进行动作顺序和注意事项的提示，以减少文字描述的工作量，并且更加直观。

4）编制行走路线图。行走路线图以"现场测时表"中操作步骤的内容为依据进行简化，能够反映这个操作步骤的核心内容。行走路线图见表 4-7。

各类时间的填写数据应同现场测时表中的数据一致。操作步骤的编号表示操作顺序，操作步骤编号的填写位置应与操作顺序卡的位置一致。

5）编制标准作业指导书。以上各项要素数据确定完成后，编制完成最终的标准作业指导书。标准作业指导书见表 4-8。

表 4-7　行走路线图

××工位标准操作卡（行走路线图）						
车间	工段	班组	工位号	产品型号	节拍 /s	工位
××××车间	××工段	××班组	××-××××	××××	××	××

序号	操作步骤	时间 /s			行走路线图
		操作时间	行走时间	辅助时间	
1					
2					
3					
...					
	各类时间总计				
	总工时合计				

表 4-8　标准作业指导书

企业名称	标准作业指导书			××工厂××车间	
				指导书编号	
适用车型		工段		作业名称	
序号	操作步骤	作业方法	时间	作业及质量注意事项	安全注意事项
1					
2					
3					
4					
...					
图片描述	图片 1	图片 2	图片 3	图片 4	...

小提示：

标准作业文件中各项组成要素做出具体决定的人员，主要是现场监督人员（班长、班组长），因为他们对现场设备的加工能力、作业人员最为了解。

【知识拓展】

中国标准的发展历程

新中国成立以来，党和国家非常重视标准化事业的建设和发展。1949年10月，我国成立了中央技术管理局，内设标准化规格处。1957年，在国家技术委员会内设标准局，开始对全国的标准化工作实行统一领导。同年，我国国家技术委员会加入了国际电工委员会（IEC）。1958年，国家技术委员会颁布第一号国家标准GB1《标准幅面与格式、首页、续页与封面的要求》。

1978年5月，国务院成立了国家标准总局以加强标准化工作的管理。同年，以中华人民共和国的名义加入了国际标准化组织（ISO）。

1979年开始，国家标准化行政部门组建了234个全国专业标准化技术委员会，400多个分技术委员会，有25000多名各行各业专家、学者和标准化管理人员被聘为标准化技术委员会委员；有100多个标准化技术归口单位。

1988年12月29日，第七届全国人大常委会第五次会议通过了《中华人民共和国标准化法》。这标志着我国以经济建设为中心的标准工作进入法制管理的新阶段。

2023年，工业和信息化部联合科技部、国家能源局、国家标准化管理委员会等部门制定形成《新产业标准化领航工程实施方案（2023—2035年)》。

2024年1月，国家标准化管理委员会印发《2024年国家标准立项指南》。

课后调研：请通过阅读书籍或者互联网搜索，调研国际、国家、行业标准的相关资料，并与同学分享。

【任务实施】

小贴士：

标准作业是精益生产的基础，因为标准作业可以看到改善的空间，也是稳定节拍的重要工具。所以，要树立标准意识，强化标准意识。

任务准备

1）知识：标准作业三要素。

2）工具：标准作业指导书编制方法。

注意事项

1）标准作业指导书编制的步骤一定要符合实际工作要求。

2）作业指导书的编制是建立在准确的工时测定、工艺要求、质量标准的基础上的。

3）措施执行要充分考虑团队成员能力的优劣势。

任务实施内容

根据教师指导和所学知识，编制标准作业指导书，并记录编制订过程。

序号	步骤	主要任务内容	
		任务实施流程	
1	确定节拍时间	由1名操作人员按照步骤进行四轮定位仪操作，另1人进行现场测时	1）四轮定位仪操作步骤 ① 把传感器支架安装在轮辋上，再把传感器安装在支架上，并调整角度 ② 开机进入测试程序，输入被测车辆的生产年份和车型 ③ 轮辋变形补偿。转向盘位于直行位置，使每个车轮旋转1周，即可把轮辋变形补偿输入计算机 ④ 降下举升器。使车轮降在平台上，把汽车前部和后部向下按压4~5次，使其进行压力弹跳 ⑤ 用制动锁压下制动踏板，使汽车处于制动状态 ⑥ 把转向盘左转至计算机显示"OK"字样，输入左转角度；把转向盘右转至计算机显示"OK"字样，输入右转角度 ⑦ 把转向盘回正，计算机屏幕上显示出后轮的前束及外倾角数值 ⑧ 调正转向盘，用转向盘锁锁住转向盘使之不能转动 ⑨ 把安装在4个车轮上的定位矫正头的水平仪调到水平线上，此时屏幕上显示出四轮定位数值 ⑩ 调整主销后倾角、车轮外倾角及前束，调整方法可按计算机屏幕提示进行。若调整后不能解决问题，则应更换有关零部件 ⑪ 进行第2次压力弹跳，将转向轮左右转动，把车身反复压下后，观察屏幕上的数值有无变化。若数值变化，应再次调整 ⑫ 若第2次检查未发现问题，则应将调整时松开的部位紧固 ⑬ 拆下定位矫正头和支架，进行路试，检查四轮定位检测调整效果
			2）按照四轮定位仪操作步骤进行现场测时，绘制并填写现场测时表
2	编制标准作业顺序		1）确定操作顺序
			2）确定每一步操作的内容描述
			3）描述操作时间、辅助时间、行走时间，与现场测时表一致
			4）绘制并填写操作顺序卡

（续）

序号	步骤	主要任务内容
3	编制操作方法	1）确定操作步骤要点 2）确定操作方法要点 3）确定工艺要求要点 4）确定安全注意事项 5）绘制并填写操作方法卡
4	编制行走路线图	绘制并填写行走路线图（只绘制行走路线部分）
5	编制标准作业指导书	编制并填写标准作业指导书

【评价反馈】 ••••••••••••••••••••••••••••••••••••••▶

　　班组小组内合理分工，完成任务实施后，结合个人、小组在课堂中的实际表现进行总结与反思。

评价项目	评价标准	分值	得分
知识准备	掌握标准作业目的	10	
	掌握标准作业三要素	10	
	掌握标准作业文件	10	
知识拓展	养成按标准工作意识，提升现场管理能力	10	
任务实施	绘制现场测时表准确	10	
	绘制操作顺序卡准确	10	
	绘制操作方法卡准确	10	
	绘制行走路线图准确	10	
	编制标准作业指导书准确	10	
综合表现	能够在小组活动中团结合作，积极讨论。在完成任务过程中用心思考、善于总结	10	
合计		100	

考核成绩：＿＿＿＿＿＿＿＿　　　　　　　　　　　　教师签字：＿＿＿＿＿＿＿＿

日期：　　年　　月　　日

【课后测评】

1. 简述标准作业的目的。
2. 说明标准作业包含的要素。
3. 谈谈个人在本次任务中的收获。

任务 13　制订目视管理实施方案

【任务描述】

　　目视管理是用图形、图表等视觉感应，确定目前状态并立即产生判断，使问题得到迅速解决的现场管理方法。它能够创建"透明"的工作场所，使任何人都可以判断出正常与否，使问题表面化，使生产现场的所有管理活动都得到真正的落实、改善和提高。掌握目视管理知识，会制订目视管理实施方案，是汽车制造人员必备的职业技能。

【任务目标】

素质目标：

1）深化精益管理，激发精益意识。
2）培养科学管理、细致认真的工作态度。

知识目标：

1）掌握目视管理的基本要求与作用。
2）掌握目视管理的工具。

能力目标：

1）具备制订目视管理方案的能力。
2）具备通过目视管理进行现场改善的能力。

【任务书】 ▶

××汽车整车装调与检测实训区，存在物料、物品、工具等摆放混乱的问题，没有很好地进行目视管理。假如你是该实训区的班组长，请根据实训现场具体情况，采用红牌作战方法，结合班组成员自身优势和工作岗位情况进行合理分工，制订目视管理实施方案，解决生产效率低下的问题。

【知识准备】 ▶

一、目视管理概述

在日常活动中，人是通过"五感"（视觉、嗅觉、听觉、触觉、味觉）来感知事物的。根据统计，人通过"五感"感知事物的比例是视觉约占 85%，听觉约占 11%，嗅觉、触觉和味觉只占 3%~4%。所以，适当利用视觉化的工具，将会使人们的生活更安全、更方便、更愉快。

目视管理

1. 目视管理的定义

目视管理是利用形象直观、色彩适宜的各种视觉感知信息来组织现场生产活动，以提高劳动生产率的一种管理手段，也是一种利用视觉来进行管理的科学方法。

目视管理是通过视觉采集信息后，利用大脑对其进行简单判断（并非逻辑思考）而直接产生"对"或"错"的结论，其最大的优点是直接、快捷。目视管理就是"用眼睛就能看得懂而不用大脑想"的管理方法。

2. 目视管理的特点

（1）视觉化 目视管理以视觉信号显示为基本手段，大家都看得见，如标示、标识、颜色等。

（2）透明化 目视管理尽可能地使管理者的要求和意图让大家看得见，借以推动自主管理及自主控制，将需要看到的地方显露出来。

（3）公开化 现场作业人员可以通过目视方式，将自己的建议、成果、感想展示出来，相互交流。

（4）界限化 目视管理能标明正常与异常的定量管理界限，使之"一目了然"。

3. 目视管理的基本要求

（1）统一 目视管理要实行标准化，各种标准、色彩、符号都应统一制作、统一管理。

（2）简约　目视内容要简明扼要，各种视觉显示信号应简明易懂、一目了然，能被快速理解，即使刚入职的新员工也能一看便明白。

（3）鲜明　目视指示必须鲜明，容易引起注意。各种视觉显示信号要清晰，位置放置应适宜，现场作业人员以最佳作业姿势作业时都应能看得清。

（4）严格　目视内容要求规范、直接，现场所有作业人员都必须严格遵守和执行。

（5）实用　目视内容、放置场所等都必须具有实用性。

4. 目视管理的作用

1）目视管理能让区域整齐、规范，令人赏心悦目。

2）目视管理能让基层保全人员和作业人员容易发现异常，一眼望去即知其应有的状态、实际的状态及两者的差异和问题所在。

3）目视管理是一切现场管理、改善活动的基础。

二、目视管理的内容

1. 规章制度与工作标准的公开化

为了维护统一的组织和严格的纪律，实现文明、安全生产，凡是与现场作业人员密切相关的规章制度、标准等，都需要公布于众；与岗位作业人员直接有关的，应分别展示在岗位上，如安全制度、标准作业文件等，并要始终保持完整、正确和洁净。

2. 生产任务与完成情况的图表化

现场是协作劳动的场所，因此，凡是需要大家共同完成的任务都应公布于众。计划指标、工作实际完成情况等应按期进行公布，利用图表让大家看出计划完成中出现的问题和发展的趋势，以求按质、按量、按期地完成各项任务。

3. 与定置管理相结合，实现视觉显示资讯的标准化

为了避免物品混放和误置，必须实行定置管理。运用清晰的、标准化的标志线、标志牌和标志色等将不同区域、通道或辅助工具（如料架、工具箱等）的位置区域固定，不得任意更改。

4. 生产作业控制手段的形象直观与使用方便化

为了有效地进行生产作业控制，使每个生产环节，每道工序都能严格按质、按量、按期进行生产，杜绝过量生产，要采用与现场工作状况相适应的信号，以便在后工序发生故障或由于其他原因停止生产，而不需要前工序供应在制品时，作业人员看到信号，就能及时停止投入（如"安灯"系统）。

5. 物品的码放和运送的数量标准化

物品码放和运送实行标准化可以充分发挥目视管理的长处。例如，各类工位器具，物料小车，运送的箱、盒、盘等，应按要求设计并按标准数量盛装，这样，操作、搬运和检验人员点数时既方便又准确。又如对物料小车的设计和制造，要保证其每次只能送固定数量的零件。

6. 现场人员着装的统一化与实行挂牌制度

现场人员的着装不仅起劳动保护的作用，在机械化生产条件下，也是正规化、标准化的内容之一。挂牌制度包括单位挂牌和个人佩戴标志。个人佩戴标志有胸章、胸标、臂章等。

7. 颜色的标准化管理

颜色是现场管理中常用的一种视觉信号，目视管理要求科学、合理、巧妙地运用色彩，用红、黄、蓝、绿、白等几种颜色来管理，让作业人员自然、直觉地和标示灯相结合，让每一个人对问题都有相同的认识和解释。颜色的管理要实现统一的标准化管理，颜色的含义尽量参考国家、行业标准或企业标准。例如，在涉及安全的区域采用 GB 2893—2008《安全色》规定的相关颜色进行标示。

三、目视管理的工具

目视管理常用的工具有红牌、看板、信号灯、操作流程图、反面教材、提醒板、区域线、警示线、告示板、电子生产管理板等。

1. 红牌（红标签）

红牌就是 5S 管理中"整理"的红牌作战中的红色牌子或者红标签，即将生产现场中非必需的物品贴上红色标签，使之目视化，它是改善的基础和起点。

红牌是印制了特定表格的红色卡片，其作用是标示生产领域的非必需品或者标示企业中存在的各类问题，从而督促对这些非必需品及其他问题的处理。选择红色是因为红色引人注目，现场生产中一般红色代表有问题。红牌示例如图 4-9 所示。

部门		日期			
品名		型号		数量	
类别	□设备　□半成品	□计量器具　□成品	□材料　□事务用品	□部件　□其他	
原因	□老化　□加工不良	□定单取消　□操作错误	□设计变更　□其他	□失去用途	
处理方法					
判定者		审核者		核准者	

图 4-9　红牌示例

红牌应包含的内容有以下 4 个方面。

（1）红牌的基本信息　基本信息包括哪天挂的红牌、谁挂的红牌、红牌挂在哪个物品上了等。

（2）挂红牌物品的分类　一个生产区域并存着各种各样不同的物品，如工具、设备、在制品、原材料、文具等，所以当给一个物品挂上红牌的时候，需要归类，这对以后的正确处理有帮助。

（3）挂红牌的原因　一个物品被认定为非必需品，一定是有理由的，把这个物品被认定为非必需品的理由确定下来以后，后续的处理方法才能准确地落实下去。

（4）挂红牌物品的处理方法　当上面的内容填写好之后，剩下的就是填写这个物品的正确处理方法。这些方法包括将这个物品放回到应放置的区域、丢掉、卖掉或将不合格品返修变成合格品等。

2. 看板

看板管理是准时生产的重要管理工具，也是目视管理的重要工具之一。看板上明确标示作业信息，如取什么货、取多少、什么时间、到什么地点取货和怎样搬运等情况。各工序的作业人员只要一看到看板，其生产数量、时间、方法、顺序及搬运时间、搬运对象等就会完全清楚。看板在任何时候都必须与实物一起移动，因而它能够控制过量制造、指明生产顺序及简化现场管理程序。

3. 信号灯

在生产现场，管理人员需要随时了解作业人员或机器是否在正常作业，当工序内发生异常时，信号灯亮起通知管理人员。信号灯示例如图4-10所示。

信号灯可以分为以下几类。

（1）发声信号灯 它适用于物料请求，当工序内物料用完或者应该供应零部件时，信号灯亮，发声器发声，通知物流人员及时地供应物料。信号灯是看板管理中的一个重要项目。

（2）运转指示灯 它显示设备的状态，包括运转、开动、转换或停止的状况。有的指示灯在设备停止时能显示其停止原因。

图4-10 信号灯示例

（3）生产进度灯 它一般安装在装配生产线，包括在手动或半自动生产线，用于装配线节拍的控制，帮助作业人员把握进度，防止作业的迟缓。

4. 操作流程图

操作流程图是描述工序重点和作业顺序的简明指示书，也称为步骤图，用于指导生产作业。特别是工序比较复杂的车间，在看板管理上一定要有操作流程图。如在一个车间中，原材料进来后，第一个工序可能是签收，第二个工序可能是点料，第三个工序可能是转换等，以此类推，这就称为操作流程图。

5. 反面教材

反面教材是经典的供借鉴和吸取失败教训的反面事例的统称。

6. 提醒板

提醒板的作用是通过一些自主管理的方法来最大限度地减少遗漏或遗忘，如有的车间内的进出口处设立目视管理板，上面显示今天有多少产品、要在何时、送到何处，或者什么产品、一定要在何时生产完毕。

7. 区域线

区域线是用于表示物品放置的场所或通道等区域的彩色线条。画区域线是定置管理的方法之一，主要用于整理与整顿。区域线示例如图4-11所示。

8. 警示线

警示线是在仓库或其他物品放置处，用来表示最大或最小库存量的彩色线条。

9. 告示板

告示板是一种及时管理的道具，也就是公告，如会议通知。

图4-11 区域线示例

10. 电子生产管理板

电子生产管理板是揭示生产线的生产状况、进度的表示板。它记录生产实绩、设备开动率、异常原因（停线、故障）等。通过电子生产管理板很容易查找出影响生产的问题点，是改善活动的着眼点。电子生产管理板示例如图4-12所示。

图 4-12　电子生产管理板示例

四、目视管理工具的应用实例

目视管理工具的应用实例见表4-9。

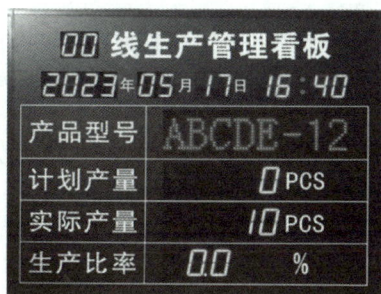

表 4-9　目视管理工具的应用实例

应用实例	实现的方法	产生的作用
区域划线	用油漆在地面上刷出线条；用彩色胶带贴于地面上形成线条	划分通道和工作场所，保持通道畅通；对工作区域划线，确定各区域功能；防止物品随意移动或搬动后不能归位
物品的形迹管理	在物品放置处画上该物品的形状；标出物品名称、使用者或借出者；必要时进行台账管理	明示物品放置的位置和数量；物品取走后的状况一目了然；防止需要时找不到工具的现象发生
安全库存量与最大库存量	明示应该放置何种物品；明示最大库存量和安全库存量；明示物品数量不足时如何对策	防止过量采购；防止断货，以免影响生产
仪表指针异常标示	在仪表指针的正常范围标示绿色，在异常范围标示红色	使仪表的指针是否处于正常，一目了然
5S管理的实施情况确认表	设置现场"5S"责任区；设计表格内容	明确职责，明示该区域的"5S"责任人；明确要求，明示日常实施内容和要求；监督日常"5S"的实施情况

【知识拓展】 ┈┈┈┈┈┈┈┈┈┈┈┈┈┈┈┈┈┈┈┈┈▶

红牌作战

对于企业，现场问题多了如何去识别，红牌作战不失为一个好方法，尤其是在整理阶段，通过红牌作战，能够识别出非常多的非必需品。例如，目前需要单独为非必需品划出一个存放空间，但库房中放着的是现场长年累月不用的大小设备、改造工装器具等杂物；同时，存在着申请购买新设备的情况。此时可以通过红牌专题会议，讨论库房中目前现有物品的再利用价值，也可去掉部分采购物品。

现场管理当中总会出现空间越来越小、不够用的问题，同时现场堆放着许多非必需品，此时进行一场"红牌作战"活动就能达到意想不到的效果。借助全员参加"红牌作战"这一活动，创造一个"清清爽爽"的工作场所，使工作场所腾出空间、整齐清洁，塑造舒爽的工作环境。

改善和增加生产现场作业面积；使工作现场无杂物，行道通畅，提高工作效率；减少磕碰的发生，保障员工的作业安全；减少在生产活动中由于员工乱放、混料等引起的差错事故，久而久之，员工有舒适、舒畅的工作环境，也能大大提高工作热情，认真工作。许多人认为，这样做太简单，是芝麻小事，没什么意义。但是有计划地减少各类库存量，最终能达到节约资金、降低成本、提高利润的目的。生产现场是否整洁也是一个企业产品质量是否有保障的一个重要标志。

【任务实施】 ▶

> **小贴士：**
>
> 目视管理的目的是把工厂中潜在的问题暴露出来，让管理者和作业人员一看就知道异常情况的所在。请秉持认真负责、精益求精的工作态度，强化责任意识，严格按照红牌作战步骤，制订红牌作战方案，完成任务实施内容。

任务准备
1）场地：实训区。
2）设备：实训车辆、设备、工具车、物流架、工作台。
3）空间：地板、通道、工作区、墙壁。

注意事项
1）在工作场所内进行全面检查，包括看得见的和看不见的。
2）制订必需品和非必需品的判别基准。

任务实施内容
根据教师指导和所学知识，制订红牌作战方案，并记录方案研讨制订过程。

任务实施流程		
序号	步骤	主要任务内容
1	工作场所内全面检查	现状把握：盘点现场物品，判定是否符合目视管理要求，并写明原因 1）地面上物品是否符合目视管理要求：□是　□否 2）工作台上物品是否符合目视管理要求：□是　□否 3）材料架是否符合目视管理要求：□是　□否 4）墙上是否符合目视管理要求：□是　□否

判别基准

必需品	非必需品
＿＿＿＿＿＿＿＿＿＿ ＿＿＿＿＿＿＿＿＿＿ ＿＿＿＿＿＿＿＿＿＿	＿＿＿＿＿＿＿＿＿＿ ＿＿＿＿＿＿＿＿＿＿ ＿＿＿＿＿＿＿＿＿＿

（续）

序号	步骤		主要任务内容
2	确定红牌张贴的基准	确定基准	1）确定基准 将物品分为"需要""可能需要""说不准什么时间能用上" 按照生产计划，基本按照1周内是否需要定为标准 注意：需要团队合作、沟通交流 以上工作确认是否完成：□是　□否
		张贴红牌	2）贴红牌。要点： ① 根据基准张贴红牌 ② 注明各种事项，留做参考 ③ 由学生来贴 ④ 出现疑问时，先张贴，还是先沟通：□先张贴　□先沟通 以上工作确认是否完成：□是　□否
		红牌处理	3）贴完红牌后，负责人要带领团队成员处理贴红牌的物品，快速进行。要点： ① 红牌张贴时间不可过长，及时处理 ② 未能处理的物品需要保留红牌，制订处理对策 ③ 物品处理完成，需要统计设备、工具、物料等 以上工作确认是否完成：□是　□否
		活动区域	4）填写活动区域平面图

活动区域平面图	区域名称
	主要生产产品
	管理者：

以上工作确认是否完成：□是　□否

5）制订使用频率标准

类别	使用频率	处理方法	备注
必需品	每月	放工作台上或随身携带	
	3个月	现场存放（工作台附近）	
	半年	现场存放	
非必需品	每月	仓库存储	定期检查
	3个月	仓库存储	定期检查
	半年	仓库存储（封存）	定期检查

（制订使用频率标准 对应"制订使用频率标准"步骤）

（续）

序号	步骤		主要任务内容
2	确定红牌张贴的基准	改善前后对比	6）确认改善完毕后，填写改善表格 改善工程：　　　　改善时间：　年　月　日～　　　年　月　日 改善内容：　　　　改善者： 改善前　　　　　　　　改善后 问题点　　　　　　　　改善内容 改善效果： 确认　　　签字：
3	红牌作战验收	作战报告	红牌作战实施完成后，进行总结，填写红牌作战报告书作为总结资料。红牌作战报告书见表4-10
		活动总结	要积累经验，班组成员平时工作时多沟通、多合作，并加强全员培训

表4-10　红牌作战报告书

活动区域				活动时间	
活动组织					
对象工程				组长	
生产品种				组员	
活动形式		红牌作战			
实施活动计划	步骤	活动内容		活动时间	
	1				
	2				
	3				
	4				
	5				
	6				
	7				
	8				

（续）

活动成果	粘贴红牌 / 张	检讨结果（件）			备注
		改善完毕 / 项	未完成 / 项	改善终止	
小改善 中改善 大改善					可以立即实践 可在 2 周内改善 需要 1 个月以上
合计					
确认效果	1				
	2				
	3				
	4				
	5				

【评价反馈】

班组小组内合理分工，完成任务实施后，结合个人、小组在课堂中的实际表现进行总结与反思。

评价项目	评价标准	分值	得分
知识准备	熟知红牌作战的步骤与使用方法	10	
	理解红牌作战的使用要点	10	
知识拓展	形成精益管理的工作理念，树立精益意识	20	
任务实施	工作场所内全面检查，制订判别基准准确	10	
	确定红牌张贴的基准环节内容完整、正确	20	
	红牌作战报告书填写准确	20	
综合表现	能与班组人员团结合作，积极讨论，严谨认真地完成学习活动，具备严谨、规范的工作作风	10	
合计		100	

考核成绩：_____

教师签字：_____

日期： 年 月 日

【课后测评】

1. 简述红牌作战的步骤。
2. 谈谈个人在本次任务中的收获。

任务 14　制订 TPM 管理实施方案

【任务描述】

现场设备管理的好坏，直接影响设备的正常运转和使用寿命。准确地操作设备、维持零故障地生产可以确保生产正常进行。全员生产维修（TPM）是通过开展全员维修与维护的活动，建立设备保全系统，追求企业生产效率极限的改善活动。掌握 TPM 知识，会制订 TPM 管理实施方案，是汽车制造人员必备的职业技能。

【任务目标】

素质目标：

1）养成设备管理的良好行为习惯。
2）增强责任意识，强化改善意识。

知识目标：

1）掌握 TPM 管理的方法。
2）理解 TPM 管理的内涵与目的。

能力目标：

1）具备制订 TPM 管理方案的能力。
2）具备利用 TPM 管理方案进行现场改善的能力。

【任务书】

××汽车整车装调与检测实训区存在物料、物品、工具等摆放混乱的问题，对设备定期进行点检是设备管理的一项基本制度。假如你是该实训区的班组长，请对所辖区域内的设备进行点检，查看岗位生产记录，收集设备运行状况并进行分析，掌握机件的劣化程度，使用 TPM 管理方法制订合理的管理方案，整理工作场地。

【知识准备】

一、全员生产维修概述

1. 全员生产维修的定义

全员生产维修（Total Productive Maintenance，TPM）是通过开展全员维修与维护的活动，建立设备保全系统，追求企业生产效率极限的改善活动。

TPM 强调人的重要性，是一种从企业最高领导到第一线作业人员全员参与的生产维修方式，其要点是"生产维修"及"全员参与"。TPM 通过建立一个全员参与的生产维修活动，使设备性能达到最优。TPM 是消除停机浪费最有力的措施。

2. TPM 活动的 3 种有效工具

TPM 管理的顺利实施离不开 TPM 活动的开展。实施 TPM 活动有利于企业全体员工养成自主管理的好习惯和意识。TPM 活动的有效工具有以下 3 种：

（1）活动板　活动板是小组行动的指南，通过活动板可以了解活动的进行状况。

（2）会议（小组例会）　会议是大家聚在一起就某件事情进行讨论，寻求解决方案的活动。

（3）一点课程　一点课程（One Point Lesson，OPL）又称为单点课程，是一种在现场进行培训的教育方式。进行 OPL 训练时，员工集中在现场不脱产进行训练。OPL 的培训时间一般为 10min 左右，所以又称为 10min 教育。OPL 鼓励员工编写教材并作为辅导员进行培训，所以有一些企业把全员参与 OPL 活动称为"我来讲一课"。

OPL 是针对班组中某一人的疑问事项（包括技术问题或难点故障等），由能够较好地解决问题、处理故障的人员编写教材（一页到两页的简单教材），召集相关人员进行集中讲解，从而实现信息资源的共享、经验的积累、教育效率的提高。

二、维修思想的新理念——TPM

1. 追求"零"的精神

敢于追求故障率为零、环境污染为零、安全事故为零等，虽然明知实际上做不到，但还是会朝着这个目标去努力。这种高起点的追求，必将延伸出高质量的工作，生产出高质量的产品。

2. 维修工作重点的转移

事后修理是最消极、最浪费的修理方式。维修思想的延伸无疑是必须把工作重点转移到预防性维修上来，通过全员参与预防性的点检与修理，把隐患消除在萌芽中，同时最大限度地降低事实故障。

3. TPM 的目标

全员生产维修的目标即停机为零、废品为零、事故为零、速度损失为零。要达到这一目标，就要消除设备的损失，如故障损失、器具调整损失、检查停机损失、速度下降损失等。通过开展全员生产维修，将所有损失事先预防，做到零故障、零灾害、零不合格，使生产效率最大化的同时，达到最小的消耗。

（1）停机为零　它指计划外的设备停机时间为零。计划外的停机对生产造成的冲击很大，会使整个生产过程发生困难，造成资源闲置等浪费。计划时间要有一个合理值，不能为了满足非计划停机为零而使计划停机时间过长。

（2）废品为零　它指由设备原因造成的废品为零。"完美的质量需要完善的机器"，机器是保证产品质量的关键，而人是保证机器完好的关键。

（3）事故为零　它指设备运行过程中事故为零。设备事故的危害非常大，不但影响生产，还可能造成人身伤害，严重时可能会"机毁人亡"。

（4）速度损失为零　它指设备速度降低造成的产量损失为零。由于设备维护不好，设备精度降低而不能按高速度使用设备，等于降低了设备性能。

三、TPM 的八大支柱

TPM 的八大支柱如图 4-13 所示。

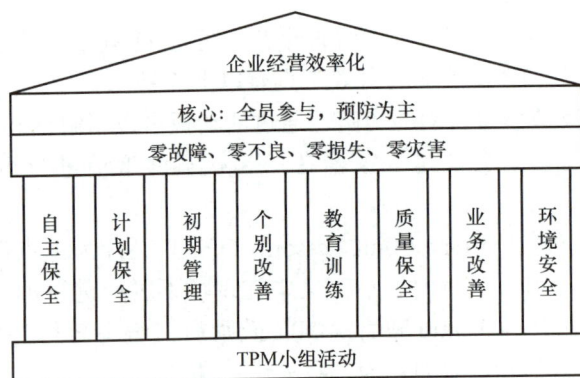

图 4-13　TPM 八大支柱

1. 自主保全——以作业人员为中心

自主保全是以作业人员为中心，对设备、装置依据标准凭着个人的"五感"（听觉、触觉、嗅觉、视觉、味觉）来进行检查，并且对润滑、紧固等保全技术加以适当的教育训练，使其能对常见的小故障做简单的修理。

1）自主保全的含义。自主保全就是通过作业人员对其使用的设备和现场进行自主维持和改善，从而维持现场和设备的最佳状态。作业人员对设备进行日常润滑、紧固和清扫时，在接触设备的过程中可以感知设备异常，提前预防设备发生故障。

2）实施自主保全的意义。自主保全是设备使用部门在设备管理部门的指导和支持下，自行对设备实施日常管理和维护。实施自主保全是自主管理最基本的要求，要求作业人员熟悉设备构造和性能；会正确操作、维护及诊断故障等。

3）自主保全的 3 部分和 7 阶段。

① 3 部分。

第一部分：防止设备劣化的活动，TPM1~3 阶段：正确操作、调整、调节，防止工艺不良；建立设备安全操作基准书；建立清扫、点检、润滑基准书；异常情况的早期发现；记录设备保全有关数据，制订设备安全操作规程；深入推行可视化管理；大力推行 OPL 教育。

第二部分：测定劣化的活动，TPM4~5 阶段：点检。培养操作人员对设备结构、油、水、气、点检、润滑等的技能；掌握设备的运行条件；自主点检（自主点检程序、定期点检、定期更换）；做好精益设备管理，提高设备的综合效率。

第三部分：修复劣化的活动，TPM6~7 阶段：建立工程品质保证系统；从产品的品质保证来理解设备的自主保全活动，并建立相关的管理来维持；消灭突发性故障，建立设备运行标准设定书；建立工序自主管理，设定理想的管理条件。

② 7 阶段。7 阶段及各阶段活动内容见表 4-11。

4）当作业人员进行自主保全活动，发现自己不能解决的问题时，应采用如下方法：

方法一：通过车间内部的"安灯"等呼叫系统通知维修人员。

表 4-11 7 阶段及各阶段活动内容

阶段（STEP）		活动内容
"1" STEP	初期清扫	以设备为中心，清除灰尘和污染 去除不必要的物品 制订 2 种清单（不合理发现清单、疑问点清单） OPL 教育
"2" STEP	发生源、问题点或污染源实施对策	制订发生源的对策 OPL 教育 防止飞溅物的对策 改善清扫困难部位，缩短清扫时间
"3" STEP	自主保全临时标准的制订	进行有关清扫、点检、注油基准书的培训 进行润滑、点检 制订在已确定的时间内能清扫、注油的基准书
"4" STEP	培训与总点检	按总点检项目进行点检技能培训 进行总点检 改善点检方法 制订在确定的时间内确实能完成的点检基准书
"5" STEP	自主管理、自主点检	制订自主保全基准及日程，以设备为中心进行活动 遵守基准，忠实进行日常保全 目标是"故障为零"
"6" STEP	整理、整顿标准化	进行不让废品流入下道工序的活动 进行不生产废品的活动 以工艺、设备来保证质量，以"缺陷为零"为目标
"7" STEP	持续改善	维持 改善 巩固

　　方法二：通过"设备问题票"的方法通知维修人员。

　　设备问题票是一种目视化的设备问题记录或通知，是成功推进自主保全、5S 管理或前期管理活动比较有效的方法之一。当发现设备存在需要加以改善的问题而作业人员自己无法解决时，用设备问题票记录存在的问题并挂在问题发生的设备上，提示相关人员及时解决；当相关问题得到解决并确认后，摘下设备问题票存档。设备问题票样见表 4-12。

表 4-12 设备问题票样

序号	存在问题	提出人	提出时间	解决人	解决时间	确认人	确认时间
1							
2							
...							

2. 计划保全（专业保全）——以维修部门为主

以专业维修人员的保全为主的活动由维修部门来执行，目的是提高设备的可靠度、缩短修理时间或减少故障发生，从而实现零故障。计划保全是培养一批专业人士，专门解决企业面临的设备管理问题。完整的计划保全活动主要包含以下5项内容：

（1）日常维护　日常维护有给油、点检、调整、清扫等。

（2）巡回点检　它包括维修部门的点检。

（3）定期整备　它包括调整、换油、零件交换等。

（4）预防修理　它是对异常发现的修理。

（5）更新修理　它是对劣化回复的修理。

3. 初期管理（前期管理、初期改善）——导入新产品/新设备

初期管理也称为保全预防，即在新设备的计划或设计阶段，要进行充分论证，在考虑现有设备存在的优缺点的基础上，考虑维修信息、新技术的应用，进行设备可靠性、可维修性、可操作性、安全性等的设计，以减少维修费用及设备故障。

4. 个别改善——促进生产效率化

（1）个别改善的含义　它主要是对重复故障、"瓶颈"环节、损失大、故障率高的设备进行有针对性的活动，其目的是消除故障（损失）、提升设备效率。

（2）个别改善的方法　PM法是在TPM活动中逐渐形成的一种最常见的分析问题的方法。它强调分析问题时要从现象入手，并遵循"现场、现物、现实"的三现原则，研究问题发生的根本原因，也称"2P5M+1W"法。2P是指现象（Phenomenon）、物理（Physical）；5M指人（Man）、机理（Mechanism）、材料（Material）、设备（Machine）、方法（Method）；1W指为什么（Why）。

（3）实施个别改善的意义　根据木桶原理，迅速找到生产线的短板并给予改善，这样做能够用最小的投入产生最大的效果，既可以改善现状，又能够最大限度地给作业人员良好的示范及为改善活动热身。

5. 教育训练——提升运转/保全技能

技能教育训练能够营造学习和人员培养的氛围，创造人才辈出的局面，是TPM展开的重要基础之一。技能教育训练包括以下两部分：

（1）自主保全教育训练　它是指以作业人员为主的自主保全活动中，对作业人员的设备知识、保全技术的基本技能等方面进行教育训练。

（2）计划保全教育训练　它是指以维修人员为主的计划保全活动中的教育训练。其培养目标是从单技能向多技能发展。

6. 质量保全——构筑质量保全体制

质量保全是指保全人员为消除由于设备精度、设备结构、加工条件引起的零部件或整车的质量不合格所采取的维修、改善活动。其目的是创造良好的机制，实现不合格品为零，做到产品零缺陷。

7. 业务改善——间接管理部门效率化

间接部门指不直接参与生产活动的部门，间接部门的效率改善活动可以参考生产部门的改善活动进行。

业务改善的目的是追求间接业务的效率化，充分发挥各部门的组织机能；培养能维持和改善业务效率化的人才；消除阻碍生产系统效率化的因素，充实和强化业务机能。

8. 环境安全——安全、卫生和环境管理

环境安全管理可以创造良好的工作和运行环境。安全、环境卫生和污染管理在工厂管理中是相当重要的，它是保障生产活动正常进行的基础。其目的是建立能预防事故、灾害发生的体制；消除不安全作业（行为）；通过建立有效的监督检查机制，将事故、灾害控制为零。

【知识拓展】 ┃••▶

TPM "1" STEP 初期清扫

TPM "1" STEP 初期清扫的目的是让操作人员亲自动手给设备清除污垢，培养与设备的感情，能做到发现不合理并做出判断和对策，从而减少停机时间，提高设备综合效率。通过初期清扫除去灰尘、锈蚀等，使潜在缺陷显现出来；恢复有缺陷的地方，改善不合理的地方；改善点检困难的部位。

员工通过初期清扫树立"我的设备""我的区域"由我自己来维护的观念，并把这作为自己岗位责任制的一部分；从容易清扫的设备开始，从熟悉的小组活动开始；领导干部带头做好"三最"（用最大的权力去支持，用最大的决心去推动，用最好的表率去影响）；思考怎么样做才能做得更方便、更快速、更好。

最终做到"一边清扫一边点检"，在清扫过程中充分运用"五感"（听觉、视觉、触觉、嗅觉、味觉）进行全面、不会遗漏的点检，发现不合理点。

课后调研： 请通过阅读书籍或者互联网搜索，调研 TPM "1" STEP 过程中，设备结构点检要点手册，以一种点检机构要点为主，与同学分享。

【任务实施】 ┃••▶

> **小贴士：**
>
> TPM 设备管理能够预防事故发生，减少停机时间，延长设备使用寿命，降低设备维修费用，保证正常生产。请秉持认真负责、精益求精的工作态度，强化安全生产意识，严格按照 TPM "1" STEP 初期清扫推进步骤，完成任务实施内容。

任务准备

1）场地：实训区。

2）设备：实训车辆、设备、工具车、物流架、工作台。

3）空间：地板、通道、工作区、墙壁。

注意事项

1）在工作场所内全面检查，包括看得见的和看不见的。

2）制订需要和不需要的判别基准。

任务实施内容

根据教师指导和所学知识，制订 TPM "1" STEP 初期清扫推进方案，并记录方案研讨制订过程。

任务实施流程		
序号	步骤	主要任务内容
1	制订 TPM "1" STEP 活动计划表	填写 "1" STEP 活动计划表

填写"1"STEP活动计划表：

项目内容	负责人	计划进度			
		1 周期	2 周期	3 周期	4 周期

2　划分设备责任区域

小组人员观察场地，对任务场地进行区域划分，完成区域负责人分配，并填写活动分工表

对象区域（设备）		推进 STEP	"1" STEP
小组口号			
序号	划分区域（设备）名称		区域负责人
1			
2			
3			
4			
5			
6			
7			
…			

（续）

序号	步骤	主要任务内容
3	TPM 安全检查表	**TPM 安全检查表** 年　　月　　日　　　　　　　　　　　　组长： *见下方表格*
4	制订疑问点清单	制订疑问点清单 *见下方表格*

TPM 安全检查表

年　　月　　日　　　　　　　　　　　　　　　　组长：

序号	区域问题点（现象）	对策	确认	备注
1				
2				
3				
4				
…				

特记事项：

做文件的要领：
1）制订 TPM 安全检查表时，区分运转状态和停机状态
2）找出对象工程不安全因素（问题点、现象）并记入
3）为确保安全建立对策
4）TPM 初期清扫之前，TPM 小组长确认是否按照对策实施了
5）没有实施完的对策，记入到备注栏中，下一次处理时实施完成此对策
6）周期性更改安全检查表

制订疑问点清单

序号	提出者	提出日	疑问内容	解决区分		实施者	实施日	OPL 教育（是 / 否）
				自己	支援			
1								
2								
3								
4								
5								
…								

（续）

序号	步骤	主要任务内容

OPL 教育（序号 5）

填写 OPL 教育表格

分类	□基础知识 □改善事项 □故障 □不良 □经验 □事例	班级	
主题		组名	

目的：
要点：

讲述人		日期		人数	

制作不合理清单（序号 6）

参照不合理 6 项手册填写不合理清单表格

不合理清单表格

区域名			小组名	

序号	部件或部位名	不合理现象	不合理区分	发现日	发现者	原因	对策或建议	实施者	解决区分		解决日期		备注
									自己	支援	计划	完成	
1													
2													
3													
4													
5													

不合理 6 项手册

（续）

序号	步骤	主要任务内容
7	改善活动	填写不合理清单并进行整改，记录改善前、后场地面貌
8	诊断验收	填写诊断验收书
9	活动总结	要积累经验，班组成员平时工作多沟通、多合作，并加强全员培训

序号7 改善活动：

改善前后对照表

班级：_____ 小组名：_____ | 区域设备名：

改善前	改善后
改善前照片	改善后照片

发生对象	发现日	实施成果	解决日

序号8 诊断验收：

TPM "1" STEP 活动诊断验收书		小组名		
		区域		

序号	区分	不合理内容	完成情况（○/×）	自评	备注
1					
2					
3					
4					
5					
6					
自评分数					
验收人评分					

自评每项任务满分为5分，以1、3、5分给分；完成：○，未完成：×

【评价反馈】 ｜••▶

班组小组内合理分工，完成任务实施后，结合个人、小组在课堂中的实际表现进行总结与反思。

评价项目	评价标准	分值	得分
知识准备	熟知 TPM "1" STEP 的推进步骤与使用方法	10	
	理解 TPM "1" STEP 的推进使用要点	10	
知识拓展	养成设备维护习惯，强化改善意识	20	
任务实施	TPM 安全检查表填写准确	10	
	OPL 教育表格填写准确	20	
	TPM "1" STEP 推进活动诊断验收书填写准确	20	
综合表现	能与班组人员团结合作，积极讨论，严谨、认真地完成学习活动，具备严谨、规范的工作作风	10	
合计		100	

考核成绩：＿＿＿＿＿＿＿＿＿＿　　　　　　　　　　教师签字：＿＿＿＿＿＿＿＿＿＿

日期：　　　年　　　月　　　日

【课后测评】 ｜••▶

1. 简述 TPM 管理中 "1" STEP 推进的步骤。
2. 谈谈个人在本次任务中的收获。

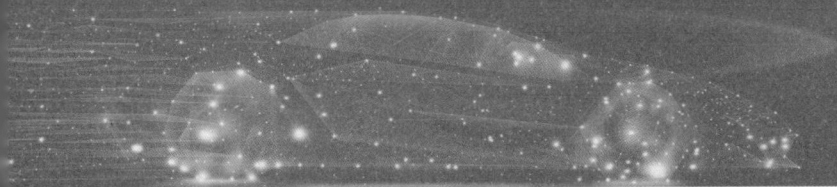

项目 5

现场成本管理

任务 15　制订生产现场浪费消除措施

【任务描述】 ┃ ••▶

　　精益生产方式认为企业获得利润的方法有两种：一种是降低成本，一种是提高效率。消除浪费是降低成本的有效手段。学会分析浪费产生的原因，掌握浪费的消除方法，会消除生产现场的浪费，是汽车制造人员必备的职业技能。

【任务目标】 ┃ ••▶

素质目标：

1）培养成本意识，增强创新思维。
2）树立持续改进、消除浪费的理念。

知识目标：

1）熟悉生产现场各种浪费的定义。
2）掌握生产过程中浪费的种类、产生原因以及消除方法。

能力目标：

1）具备识别生产现场 8 种浪费的能力。
2）具备应用鱼骨图分析问题发生原因的能力。
3）具备使用工具消除生产现场浪费的能力。

【任务书】 ┃ ••▶

　　汽车相关专业学生需要在汽车实习现场（或实训现场）学习。假设你是该现场的班组长，请根据现场实习或实训情况（如车辆轮胎动平衡工作），结合班组成员自身优势合理分工，分析详细工作过程，找到工作过程中的浪费，根据具体情况识别出浪费产生的原因，并制订浪费消除措施，对措施的有效性进行跟踪验证。

【知识准备】 ┃ ••▶

一、生产现场的浪费

精益生产方式的核心思想是消除一切浪费，提高效率。

1. 浪费的定义

浪费就是不产生任何附加价值的动作、方法、行为和计划。现场活动包括"有附

消除浪费

加价值"和"没有附加价值"的活动，那些不产生附加价值的活动应坚决予以消除。

工作是由一系列的流程或步骤构成的。从原材料开始，到最终产品或服务为止，在每一个流程，应将价值加入产品内（在服务业里，是把价值加入文件或其他的信息内），然后送到下一个流程。

在每一个流程里的人力或机器资源，若不是从事有附加价值的动作，就是进行无附加价值的动作。不增加价值的活动，是浪费。即使是增加价值的活动，如果所用的资源超过了"绝对最少"的界限，也是浪费。

2. 浪费的种类

在制造型企业生产过程中，存在着难以数计的各种各样的浪费，精益生产方式将生产现场生产过程中存在的浪费归纳为以下8种。

（1）过剩的浪费　过剩的浪费是指生产超额完成任务，而过多地制造和提前生产所造成的浪费。过多、过早地制造，致使生产过剩的成品、在制品堆满了生产现场和仓库，增加了制造场地及库存的负担。过早或过多地生产出产品通常会造成其他的浪费，例如人员过多、因存货过多而导致储存与输送成本增加，并产生无用的运输和利息支出等。

（2）不良的浪费　不良的浪费主要是在生产过程中，由于物料或者制作不良而导致的各种损失，需要花费一定的时间、人力和物力来处理，那么就是对人力、物力的浪费。例如不良产品的检查、返工、报废等损失都是由企业自己承担，不良产品越多，企业的生产效益越低。

（3）等待的浪费　等待的浪费是指由于生产原料供应中断、作业不平衡和生产计划安排不当等原因，员工不能创造价值，而无事可做所造成的浪费。

（4）搬运的浪费　搬运的浪费是指流程中把在制品从一处搬运到另一处，或是必须进出仓库，或在流程之间搬运而造成的资源浪费。

（5）动作的浪费　动作的浪费是指员工在进行操作的过程中，所做的那些不必要、不能创造价值的动作，例如寻找、拿取或堆放零部件和工具等方面造成的浪费。它主要表现在实际的操作中，由于没有经过精密的计划，而花费了多余的时间和进行了无效的动作。

（6）库存的浪费　库存的浪费是指在生产过程中，由于控制方式不合理，而出现过多的原材料、在制品或者最终的成品，导致较长时间的搁置；或者堆积过时品、毁损品，造成较高的运输与储存成本损失。库存过多不仅对产品是一种浪费，同时也浪费了仓库的存储空间。过多的存货还会造成其他的隐性问题，例如生产不均衡、供应者延迟递送、瑕疵品、机器设备停工、拉长准备期等。

（7）加工的浪费　加工的浪费又称为过分加工的浪费。在生产过程中，所有与工程进度及加工精度无关的不必要的加工都是浪费。例如，采取不必要的步骤处理零部件；因为工具与产品设计不良，导致不必要的动作及产生瑕疵而造成缺乏效率的处理；当产品超出必要的质量时，也会造成浪费。

（8）管理的浪费　管理的浪费缘于在生产现场缺少优秀的管理人员，没有完善的管理制度。管理的目的是让工作人员和生产设备在一个良好的状态下工作，生产问题能够得到有效解决，从而提高生产效率。很多时候，这种浪费是管理人员导致的。

二、生产现场浪费产生原因与消除方法

生产现场浪费产生的主要原因与主要消除方法见表5-1。

表 5-1 生产现场浪费产生的主要原因与主要消除方法

序号	种类	产生原因	消除方法
1	过剩的浪费	1）推动式生产 2）生产计划没有做好 3）人员过剩	1）拉动式生产 2）均衡生产 3）少人化的作业方式
2	不良的浪费	1）标准作业欠缺 2）人员技能欠缺 3）检验方法不完善	1）标准作业 2）培训合格上岗 3）质量"三不"原则
3	等待的浪费	1）生产线布置不合理 2）材料未及时到达 3）换线/准备时间长 4）设备故障 5）质量不良	1）均衡生产 2）目视管理 3）快速换线 4）TPM 活动 5）自働化/防错装置
4	搬运的浪费	1）布局不合理 2）没有随行小车 3）工位衔接不好	1）采用 U 形布局 2）采用随行小车 3）一个流生产
5	动作的浪费	1）场地布局不标准 2）动作不标准 3）物料无定位（需找料） 4）缺乏培训	1）工位设计改进 2）落实标准作业 3）三定/做好标识 4）定期培训与训练
6	库存的浪费	1）视库存为当然 2）生产计划没做好 3）信息不流畅 4）呆滞物料未处理	1）库存意识改革 2）均衡生产 3）目视管理 4）小批量采购/及时处理呆滞物料
7	加工的浪费	1）客户需求不清楚 2）工具不良 3）标准作业不彻底	1）对比客户需求 2）工具优化 3）标准作业的贯彻
8	管理的浪费	1）管理不到位 2）等待指示/反馈/汇报 3）协调不利 4）失职——责任心不强	1）科学管理 2）明确工作时间节点 3）加强凝聚力 4）加强责任心

生产现场动作的浪费消除实例如图 5-1 所示。图 5-1a 所示为 70 工位操作者在操作时，需要到料箱处拿取物料，然后返回工位再进行操作，存在行走浪费。图 5-1b 将 70 工位与 50 工位合并，消除 70 工位操作内容中的行走浪费。

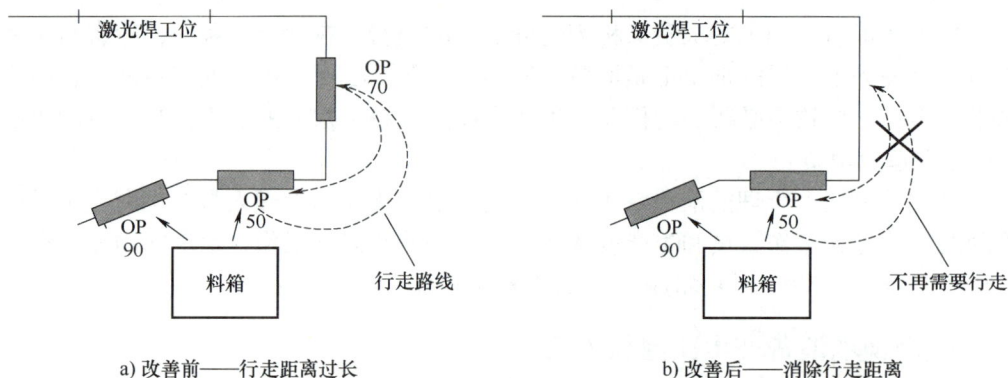

a）改善前——行走距离过长　　　　　b）改善后——消除行走距离

图 5-1 生产现场动作的浪费消除实例

三、生产现场浪费消除的工作流程

生产现场浪费消除的工作流程主要包含浪费识别、原因分析、措施制订、措施执行、跟踪验证 5 个步骤，如图 5-2 所示。

浪费识别 → 原因分析 → 措施制订 → 措施执行 → 跟踪验证

图 5-2 生产现场浪费消除工作流程

1. 浪费识别

在浪费识别环节，可根据现场不同情况采取不同的方法，这里主要采用 5M1E 分析法。5M1E 分析法是针对生产过程中的人、机、料、法、测、环等要素的现状、布局、标准、精度等方面寻找可以改善的地方。5M1E 分析法主要原因分析情况列表见表 5-2。

表 5-2 5M1E 分析法主要原因分析情况列表

序号	现场管理要素	要素分析
1	人（Man）	是否遵循标准？有足够经验吗？工作效率如何？是否适合于该工作？有改进意识吗？有解决问题意识吗？责任心怎样？人际关系怎样？还需要培训吗
2	机（Machine）	工作准确度如何？能按工艺要求加工吗？维护情况如何？设备布置正确吗？设备数量够吗？设备能力足够吗？是否正确润滑了？是否经常出故障？噪声如何？运转是否正常
3	料（Material）	数量是否足够或太多？材料浪费情况如何？是否符合质量要求？材料运输有差错？标牌是否正确？加工过程正确吗？有杂质吗？材料设计是否正确？进货周期是否适当？质量标准合理吗
4	法（Method）	工艺标准合理吗？工序安排合理吗？工艺卡是否正确？工艺标准提高了吗？工作方法安全吗？此方法能保证质量吗？前、后工序衔接好吗？这种方法高效吗
5	测（Measurement）	测量时采取的方法标准吗？测量时采取的方法正确吗
6	环（Environment）	工作地温度和湿度适宜吗？通风和光照良好吗？环境清洁吗

2. 原因分析

在原因分析环节，一般采用"鱼骨图"的形式，从"人、机、料、法、测、环"现场 6 个方面进行浪费原因分析，如图 5-3 所示。

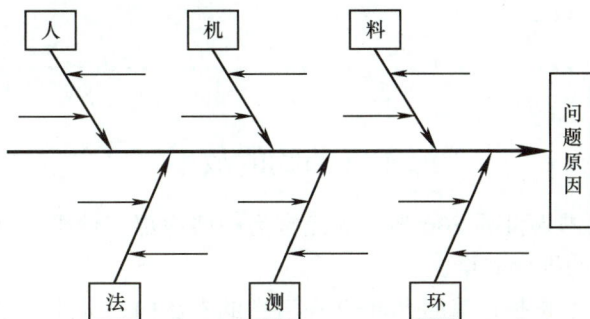

图 5-3 5M1E 鱼骨图分析示意图

要查找问题必须遵循"到现场、看现物、了解现状"的原则，不能只是推想哪里出现问题。要利用5M1E鱼骨图反复研讨，弄清楚问题发生的真正原因，要清楚地理解并抛弃固有的观念或过去的经验想法，把那些深藏的原因呈现出来。

3. 措施制订

针对每条主要原因，充分提出多种对策。对每条原因的多种对策分别进行综合评价（技术、经济、时间、有效等），然后比较选定准备实施的对策。一般采用5W2H分析法。5W2H分析法是问题设问的方法，其目的是发现问题的线索，寻求解决思路，进而解决问题，也称为"七何"分析法。

① 什么（What）——目的、对象是什么？做什么工作？

② 为什么（Why）——为什么要这么做？这是必要的吗？原因是什么？

③ 谁（Who）——谁负责？由谁做最合适？

④ 在哪里（Where）——在什么地方做？从哪里入手？

⑤ 什么时候（When）——什么时机最适宜？何时完成？

⑥ 怎么做（How）——怎么做更好？如何提高效率？如何实施？方法怎样？

⑦ 多少（How much）——做到什么程度？数量、质量如何？耗费多少？

5W2H分析法的3个主要阶段：

第一阶段，描述初始情况——确定情况。

第二阶段，确定关键因素并优先考虑——找到关键因素。

第三阶段，提出合适的、有效的行动——提供解决方案。

4. 措施执行

按照已经制订的措施明确工作方法、负责人、时间等，填写执行措施工作表，见表5-3。

表5-3　执行措施工作表

序号	真因	目标	对策	地点	负责人	时间
1						
2						
……						

5. 跟踪验证

在措施执行后，要对消除方法的有效性进行验证，并在一定的时间内对效果进行跟踪，保证方法的有效性。

【知识拓展】

海尔人节约的故事

中国海尔集团虽已进入世界500强，却经常为一些内部"琐事"而"小题大做"，《海尔人》就曾经刊登过这样的批评文章：

一张白纸写几个字就扔掉；拿宣传单铺在浴室的衣橱内；大小会议、开业店庆，即便对集团内部部门，动辄也以精美的请柬相邀，尽管打个电话也完全可以达到请人的目的。

还有广告单，印时没有预算，一印就是几十万张，一旦过时或不符合市场思路，便都成了废纸。

有人也许认为这过于大惊小怪了——偌大一个海尔，浪费几张纸怕什么？多打一会儿电话算什么？让我们来算算账吧！假如每一个海尔人一天浪费一张 A4 纸（按 0.07 元 / 张计算），近 2 万名员工 1 年就会浪费 45.99 万元！

不尽精微，无以致广大。杜绝浪费、控制成本，就是在为企业创造效益。那些触目惊心的浪费，常常就体现在视而不见的细枝末节之中。

在现实中，一些员工没有成本意识，他们对于公司财物的损坏、浪费熟视无睹，让公司白白遭受损失，自然也使公司的开支增大，成本提高。这种浪费行为应尽量杜绝。

课后调研：请通过阅读书籍或者互联网搜索，调研一个为企业发展降本增效的人物故事，并与同学分享。

【任务实施】

> **小贴士：**
>
> 成本是企业发展的基础，浪费是造成生产成本居高不下的重要因素。请秉持严谨认真、精益求精的工作态度，按照消除生产过程中浪费的工作流程，制订生产现场浪费的消除措施，完成任务实施内容。

任务准备
1）场地：实习或实训现场。
2）知识：生产现场浪费消除的工作流程。
3）工具：鱼骨图。

注意事项
1）原因分析过程，采用 5M1E 鱼骨图法进行分析，并从中确定主因。
2）要严格针对问题产生的原因制订消除措施，按照 5W2H 的原则保证措施落地。

任务实施内容
根据教师指导和所学知识，制订生产现场浪费消除措施，并记录消除措施制订过程。

任务实施流程		
序号	步骤	主要任务内容
1	浪费识别	采用5M1E分析法识别浪费，从人、机、料、法、测、环6个方面分析浪费出现的原因，分析结果如下 1）人的分析

（续）

序号	步骤	主要任务内容
1	浪费识别	2）机的分析
		3）料的分析
		4）法的分析
		5）测的分析
		6）环的分析
2	原因分析	1）绘制 5M1E 鱼骨图
		2）分析造成浪费的真因

（续）

序号	步骤	主要任务内容
3	措施制订	针对浪费真因，制订要采取的措施
4	措施执行	填写执行措施工作表 | 序号	真因	目标	对策	地点	负责人	时间 | |---|---|---|---|---|---|---|
5	跟踪验证	1）执行部门 2）验证方法 3）验证时间

【评价反馈】

班组小组内合理分工，完成任务实施后，结合个人、小组在课堂中的实际表现，进行班组评价总结。

评价项目	评价标准	分值	得分
知识准备	熟知并辨识出现场生产中常见的浪费问题	10	
	掌握生产过程中浪费的种类、产生原因以及消除方法	10	
知识拓展	树立消除浪费的工作理念	20	
任务实施	正确采用5M1E分析法识别浪费	10	
	正确绘制鱼骨图，分析出问题的真因	10	
	针对浪费真因，制订可行、有效的措施	10	
	针对所制订的措施，进行执行、验证	10	

（续）

评价项目	评价标准	分值	得分
综合表现	能与班组人员团结合作，积极思考、认真讨论，严谨、认真地完成学习活动，具备严谨、规范的工作作风	20	
合计		100	

考核成绩：_____　　　　　　　　　　教师签字：_____

日期：　　年　　月　　日

【课后测评】

1. 简述生产现场浪费消除的工作流程。
2. 谈谈个人在本次任务中的收获。

任务 16　制订班组成本改善方案

【任务描述】

　　班组是产品直接生产过程的管理主体，企业 90% 以上的生产制造成本都发生在班组。班组成本管理是企业控制成本、节能降耗、提质增效的重要组成部分。掌握班组成本管理知识，会制订班组成本改善方案，具备班组成本改善能力，是汽车制造人员必备的职业技能。

【任务目标】

素质目标：

1）培养成本意识，激发主人翁意识。
2）强化节约意识，增强创新意识。

知识目标：

1）掌握班组成本管理知识。
2）掌握班组成本管理改善方法。

能力目标：

1）具备绘制班组成本改善表格的能力。
2）具备制订班组成本改善方案的能力。

【任务书】 ▶••

在企业的发展中，成本高低直接影响企业的经济效益高低，而班组是企业各项生产活动的落脚点。班组成本管理是企业成本管理最基础、最直接也是最有效的途径。假设你是××汽车制造企业××班组的一名班组长，请结合班组成本管理知识，带领班组成员绘制班组成本改善表格，制订班组成本改善方案，做好班组成本管理工作。

【知识准备】 ▶••

一、班组成本

成本是人们进行生产经营活动或达到一定目的的必须耗费。企业成本是指企业在生产经营过程中所发生的全部费用。

在制造业中，成本可以有以下两种分类方式：一种是根据成本因素分为材料成本、人工成本和制造费用；另一种是根据成本与产品关系分为直接成本和间接成本。直接成本是指与产品直接相关的成本，如原材料、人工、制造费用等，间接成本是指与产品间接相关的成本，如管理费用、销售费用、研发费用等。

班组成本是指生产班组发生的全部费用。班组成本的构成主要是直接材料、直接人工和制造费用。

二、班组成本管理

1. 班组成本管理定义

班组成本管理是在工段长或班组长的领导下，以工段、班组经济核算为中心，把班组员工组织起来进行管理的全员管理。

班组成本管理的空间是生产现场，管理的过程是产品的直接生产过程，管理的内容是安全、质量、成本等因素，管理的结果是产品直接生产过程的效率、效益。

2. 班组成本管理分类

班组成本管理可分为4类，分别为材料成本管理、人工成本管理、作业成本管理和设备成本管理。

（1）材料成本管理　材料消耗是班组的一项主要成本支出。为了搞好班组材料成本管理，首先要明确本班组材料成本的控制点，即本班组在日常工作中要消耗哪些材料、其相应定额是多少。其次，要让员工了解材料的价值。接下来，要鼓励员工参与降低材料成本创新活动，通过修旧利废、降低材料消耗的方式，促使材料成本不断降低。最后，在材料成本管理领域，给予员工适当的奖励。

> **小提示：**
>
> 　　对本班组使用的物料做到先入先出，先到的件先用，后到的件后用，这样做可以避免因时间过长造成的过期报废和呆滞风险。

（2）人工成本管理　提高效率就是节约人工成本，班组人工成本管理的关注点就是调动员工的积极性，让员工发挥更大的价值和作用。班组人工成本管理措施主要包括：

① 避免停线；避免不合格品线下返工；人员缺位时班组长、自由人及时顶岗；做好日常设备维护检查；开线前班组进行自查。

② 人员合理分工，均衡生产，设法改善瓶颈工位。

③ 提升员工的技术技能水平，让员工将工作一次做对，减少不必要的返工修复工作。

④ 停产期间对班组员工进行轮岗培训，培养多技能工。

（3）作业成本管理　班组作业成本管理一方面是减少非增值作业，另一方面是减少无效或低效动作。

① 减少非增值作业。按照对客户价值的贡献，作业可以分为增值作业和非增值作业。班组的作业成本管理就是尽可能地减少非增值作业，从而削减作业成本。班组常见的非增值作业包括不必要的等待、搬运、检查、返工和维修等。

② 减少无效或低效动作。动作分析的实质是研究、分析人在进行各种工作操作时的细微动作，删减无效动作，使操作简便有效，能提高工作效率。其具体内容包括：发现操作人员的无效动作或浪费现象时，简化操作方法，改善工、器具，优化作业环境，减少员工疲劳，并在此基础上制订出标准的操作方法。

（4）设备成本管理　设备管理的全过程包括选购、安装、调试、使用、维修、改造、更新、报废等。设备管理成本主要包括购置费用（直接影响折旧费）、维修与设备管理人工成本、维修材料费（主要是备件）、外来维修费、停工损失等。

班组层面的设备成本管理措施主要包括：

① 开展设备点检、润滑，做好设备维护工作。

② 及时发现、消除设备的微缺陷，避免故障扩大化而造成设备的重大事故和损失。

③ 降低设备故障率，降低设备非计划停机时间，减少设备停机带来的损失。

④ 开展设备改善革新活动，完善设备功能，延长设备的使用寿命，降低设备故障率。

此外，班组还可以通过开展 TPM 活动提升设备的综合效率，降低设备的故障率和各类损失，从而降低设备成本。

3. 班组成本管理原则

（1）全员参与原则　所有班组成员都参与到成本改善的活动中，发挥集体的智慧，做到全员杜绝浪费。

（2）异常控制原则　将注意力集中在成本异常变动的情况上，当实际发生的费用较预算差异较大时，需要及时分析并制订相应措施。

（3）定额管理原则　所有与生产相关的费用都需要寻找并制订合理的定额管理方式，尽量做到管理量化。

三、班组成本管理改善方法

降低成本是一项长期、持续的工作。从班组的角度分析，每个员工都是成本管理员，应定期搜集员工的建议，鼓励发现问题并提出相应的解决方法，然后通过讨论，发布改善方法，达到全员认可、全员落实的效果。

1. 班组成本管理工具

班组成本管理工具包含成本记录表、基础表单、各类台账、指标管理、分析管理法等，它们工作的最终结果是固化并有效执行，提升班组团队成本控制水平。

2. 班组成本管理改善方法

班组成本管理主要包含浪费控制和降本改善两大方向。本任务只介绍班组制造费用的改善方法。班组常用制造费用包含机物料消耗、工具消耗、动能消耗和劳动保护用品消耗。

（1）机物料的浪费控制与降本改善　机物料的浪费控制与降本改善具体措施见表5-4。

表 5-4　机物料的浪费控制与降本改善具体措施

两大方向	管理类别	具体措施
浪费控制	领料控制	根据当班产量和定额领用物料
	日常管理	做好日常消耗检查，避免班组员工将班组物料挪作他用或者随意使用的情况发生
	异常问题反馈	发现质量、消耗量等有异常波动时及时向车间成本及工艺管理人员反馈
降本改善	物尽其用	通过残余量回收、反复使用等减少消耗量
	工艺优化	通过物料消耗使用量、材质等的优化降低成本

（2）工具的浪费控制与降本改善　工具的浪费控制与降本改善具体措施见表5-5。

表 5-5　工具的浪费控制与降本改善具体措施

两大方向	管理类别	具体措施
浪费控制	领料控制	贵重工具按定额并遵循以旧换新的方式领用，耗用性工具可结合实际情况确定领用控制方式
	日常管理	做好班组工具的定期维护，损坏的工具及时报修，做好每日工具交接，避免工具丢失
	异常问题反馈	掌握工具报修、报废处理流程
降本改善	修旧利废	将损坏工具的可用备件拆除，进行修旧利废
	工艺优化	通过工艺优化（如合并工位）、产品质量提升等方法实现工具耗用的降低

（3）动能的浪费控制与降本改善　动能的浪费控制与降本改善具体措施见表5-6。

表 5-6　动能的浪费控制与降本改善具体措施

两大方向	管理类别	具体措施
浪费控制	人走灯灭	停产、休息、就餐时间及时关闭各类能源设备（除工艺规定不能关闭的外）
	日常管理	能源管理责任到人，并安排班组成本员经常性地进行检查
	异常问题反馈	损坏的能源设备（如照明、气管）等及时报修，减少不必要的损失
降本改善	提高效率	提高工作效率是有效降低单车基础能耗的最佳方式
	工艺优化	通过工艺优化（如改变能源参数、优化设备开关机时间等）大幅度降低能源消耗

（4）劳动保护用品的浪费控制与降本改善　劳动保护用品的浪费控制与降本改善具体措施见表5-7。

表 5-7　劳动保护用品的浪费控制与降本改善具体措施

两大方向	管理类别	具体措施
浪费控制	领料控制	根据公司劳保用品定额规定进行物料领用，避免超定额领用情况发生，若确实有异常，需提交申请，由车间成本员负责处理
	日常管理	给员工强调劳保用品不允许挪作他用；做好日常使用检查（重点是手套类）
	异常问题反馈	异常损坏的劳保用品需及时反馈，便于车间与采购单位联系优化质量（可与车间成本员联系进行更换）
降本改善	回收利用	手套清洗后可再使用，结合工艺特点的劳保用品可再利用
	质量优化	对存在问题的劳保用品可以提出改进意见，便于公司采购性价比更好的物料

小提示：

劳保用品领用原则：以旧换新。

3. 班组成本管理实施步骤

要实现企业年度降低成本目标，班组就要对班组成本项目的消耗做到日常管理控制。班组长要针对本班组发生的各类消耗情况进行统计记录，并与标准使用量进行对比，定期分析未达到标准或超出标准的原因，制订对策、落实负责人，填写相应的记录表单，并制订持续改进措施。班组成本费用统计表见表 5-8。

表 5-8　班组成本费用统计表

班组名称：					填表人：			
序号	领用日期	物品名称	规格	数量	类别	责任人	状态	备注
1					□办公用品 / 设施 □设备 / 工具 □辅料 / 劳动用品			
2					□办公用品 / 设施 □设备 / 工具 □辅料 / 劳动用品			
3					□办公用品 / 设施 □设备 / 工具 □辅料 / 劳动用品			

班组成本控制要点卡见表 5-9。

表 5-9　班组成本控制要点卡

（　　）月（　　）班组成本控制要点卡			
控制要点	车型：　　　　　□机物料　□工具　□废品　□其他		
序号	控制事项	计划完成日期	责任人
1	上月超标项分析： 针对上月超标项，本月控制措施：		

（续）

序号	控制事项	计划完成日期	责任人
2	本月盘点控制要点： 量化指标：		
3	成本控制合理化建议：		

【知识拓展】 ┃‥‥‥‥‥‥‥‥‥‥‥‥‥‥‥‥‥‥‥‥‥‥‥‥‥▶

班组"小行动"助力"降本增效"

班组是企业发展的基石。2022年，汉钢公司炼铁厂坚持过"紧日子"思想，巧用杠杆撬动降本增效，把"紧日子"过成了"好日子"，促进企业高质量转型发展。

思想教育，降本"动起来"。为使全厂上下进一步认清降本增效形势，增强全员危机感、责任感，树立"过紧日子"思想，加强"主人翁"意识，炼铁厂各班组利用班前会、日常生产例会开展了"立足岗位，降本增效"主题探讨活动和"我身边的降本故事"思想分享活动，广泛进行形势教育活动。分厂、车间主动带头压缩一切非生产性开支，杜绝铺张浪费，杜绝长明灯、长流水以及"跑、冒、滴、漏"等看不见、摸不着的内耗，并通过一切活动及相关形势，让职工明白省就是赚，全力激活降本增效"微行动"。

微小行动，释放大能效。在日常管理生产中，炼铁厂各班组有序组织各车间开展"金点子""查找提改献"等合理化建议意见征集活动，鼓励全员围绕企业发展、优化升级、提质增效、节能降耗、安全环保、创新创效、技术改造、工序优化等工作建言献策，2022年一季度，共计征集建议16条，结合实际生产工作，有序组织实施12条，4条待论证，累计可节省生产及设备费用3.49万元。利用这些方法，让"金点子"成为身边创效"金钥匙"，助推降本增效。

优化方案，走出提效"新路子"。炼铁厂通过优化生产组织、改进设备性能来降成本、提效益，同时加强原料管控，减少生产区域"跑、冒、滴、漏"，加强内部能源回收利用，全力内部挖掘降本办法。

课后调研：请通过阅读书籍或者互联网搜索，调研一个企业班组"降本增效"促进企业发展案例，并与同学分享。

【任务实施】 ┃‥‥‥‥‥‥‥‥‥‥‥‥‥‥‥‥‥‥‥‥‥‥‥‥‥▶

> 小贴士：
>
> 　　成本是企业生存的基本。请秉持严谨认真、爱岗敬业的工作态度，强化成本意识、节约意识、改善意识。根据班组成本改善知识，完成任务实施内容。

任务准备

1）场地：实训现场。

2）知识：班组成本管理改善方法。

注意事项

1）绘制班组成本改善表格一定要严谨、细致。

2）班组成本改善方案一定要切实可行、可操作。

任务实施内容

根据教师指导和所学知识，绘制班组成本改善表格，制订班组成本改善方案，并记录任务完成过程。

任务实施流程		
序号	步骤	主要任务内容
1	绘制表格	班组工作需要领取办公用品、物料、耗材等，必须由班组成本员或班组长先到库房领取领料单，填写完后再到库房领取，严禁先领料后补单据 1）绘制并填写班组领料单 2）绘制并填写班组成本易耗清单 3）绘制并填写班组能源管理责任表

（续）

序号	步骤	主要任务内容
2	制订方案	请结合实习或实训现场（四轮定位、汽车拆装与调整等实训）实际情况，分析班组各项消耗，按下列顺序完成班组成本改善方案的制订 1）绘制并填写班组成本易耗清单 2）逐项确定每一个成本管理项目的关键控制点 3）逐项确定易耗产品的控制措施 4）分析异常原因并制订对策 5）发挥班组所有人员聪明才智，想出更好避免浪费的方法，写在下面
3	效果确认	通过以上表格的绘制和方案的制订，你有什么收获

【评价反馈】

班组小组内合理分工，完成任务实施后，结合个人、小组在课堂中的实际表现进行总结与反思。

评价项目	评价标准	分值	得分
知识准备	熟知班组成本管理和改善知识	10	
	熟知班组成本管理实施步骤	10	
知识拓展	强化成本意识、节约意识，树立勇于创新工作理念	20	
任务实施	绘制班组成本改善表格准确	15	
	班组成本改善方案制订合理、可行	15	
	效果确认环节，撰写的收获认真、充实	10	
综合表现	能与班组人员团结合作，积极讨论，严谨、认真地完成学习活动，具备严谨、规范的工作作风	20	
合计		100	

考核成绩：_____　　　　　　　　　　　　教师签字：_____

日期：　　年　　月　　日

【课后测评】

1. 小组作业中成本改善方法是否有效可行？该成本改善方案是否还有优化的空间？
2. 简述班组成本改善对企业发展的重要性。

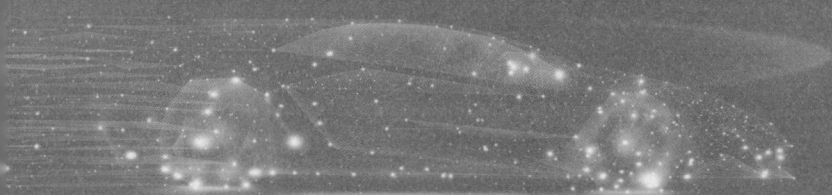

项目 6

现场人员管理

任务 17　制订员工激励考核方案

【任务描述】

现场管理的各项目标的达成都要依靠人员来完成，现场管理的核心要素是人员管理。人员管理是现场管理的基础，也是现场管理最核心、最重要、难度最大的环节，因为人员具有流动性、多变性。掌握员工能力提升方法，会制订员工激励考核方案，具备人员管理能力，是汽车制造人员需要具备的职业技能。

【任务目标】

素质目标：

1）培养责任意识，强化创新精神。
2）树立激励意识，强化进取意识。

知识目标：

1）掌握提升员工职业能力的做法。
2）掌握提升员工执行能力的做法。

能力目标：

1）具备制订员工岗位培训计划的能力。
2）具备制订员工激励考核方案的能力。

【任务书】

汽车生产制造现场核心目标的达成离不开对人和现场的有序管理，而对现场的管理最终是通过全体员工的执行来落实。人员管理是现场管理的重中之重。假如你是一名班组长，请结合员工能力提升知识，与班组同学积极讨论分析，完成员工激励考核方案的制订。

【知识准备】

人员管理的目标是要调动人的积极性，构筑和谐的人际关系，激发人的士气，打造一支高绩效的团队。生产现场是各项管理的出发点和落脚点。对于生产现场而言，人员管理的核心可以总结为指导和督促两个方面。

一、指导——提升员工职业能力

指导是指对不会的给予指导，指导能提升员工的职业能力。指导是督促的基础，指导是为了更高效地督促。

1. 新员工岗位培训

新员工岗位培训首先要做的是思想意识的灌输，使新员工的思想与企业的经营管理理念相一致。新员工岗位培训主要以岗位技能培训为目的。

（1）做好计划和组织 新员工培训应明确培训时间、相关责任人、培训方法、培训资料、考核方法、上岗标准等。

（2）理论和实际操作相结合 新员工培训要有计划、有步骤、有顺序地进行，除了安排上岗试做外，还要安排脱岗专题培训，理论和实际操作相结合，使员工掌握知识和岗位作业技能。

（3）进行书面和实际操作考核 岗位培训期间，培训者每天要对新员工的表现进行评价，评价结果需书面化、公开化。培训后，要组织必要的书面考试和实际操作考核，考核成绩需透明化。

（4）利用"传、帮、带"培训新员工 为了提高新员工的培训效果，班组长要善于调动各种力量，尤其是发挥老员工"传、帮、带"的作用，建立完善的"传、帮、带"责任制，在重点保证安全的基础上，使新员工尽快掌握岗位作业技能，达到独立上岗的目标。这样不但能达到化整为零、落到实处的效果，而且可以使新员工尽快适应环境、融入班组。

通过开展新员工岗位培训竞赛，奖优罚劣，可激发新员工的学习热情，促进良性竞争。对于工作态度好、上手快、业绩突出的新员工，班组长可以将其事迹整理成文，在班组会、现场管理看板、宣传栏上进行宣传，还可以请本人总结经验、心得，与大家分享。

2. 多技能工的培养

掌握两种以上作业技能的员工为多技能工。一岗多能是应对员工流动的重要条件，也是培养一线骨干的重要途径。多技能工培养能提高企业的应变能力，为企业的发展奠定基础。

（1）多技能工培养的必要性 多技能工培养的必要性包含以下4个方面：

1）满足短期需要。如果重要岗位有多人后备，则出现员工缺勤、辞职或临时性的工作调整时，班组长也不会乱了手脚，能做到有备无患、应对自如。多技能工培养是人员后备管理的重要条件。

2）储备技能人才。企业发展需要大量的一线技能骨干，有计划地做好多技能工培养工作，建立后备队伍，就能在需要时及时动员和"征用"。

3）培养后备干部。多技能工是做班组长的必要条件，大力培养多技能工，在众多技能工中发现好苗子，引导他们往班组管理方向努力，能逐步建立一支班组长后备队伍。

4）员工个人职业发展需要。掌握多种技能才能从事多种岗位，为员工今后走上管理岗位创造条件。

（2）多技能工培养的实施 多技能工主要是通过让老员工接受新的技能培训来实现，新的技能主要通过岗位培训来掌握，其方法与新员工岗位培训类似。

1）岗位或技能的选择。所有的岗位都必须有两人以上能独立操作，所有的技能都必须有多人完全掌握，重点是要加强重点岗位、关键技能的多技能工培养。一般员工要掌握两种基本技能，骨干员工要掌握超过3种技能。

2）人员的选择。在人选安排上，多技能工培养要优先选择工作态度好、原有技能稳定、工作质量高的员工，重要岗位、关键技能要选择文化基础好、领悟能力高的员工。

3）培养方式。多技能工培养有岗位轮换、计划性上岗培训和脱岗培训3种形式，其中前两种形式为主要形式。

岗位轮换是让每个作业人员轮流承担自己作业现场的全部作业，经过一段时间的训练，每个作业人员就自然而然地熟悉了各种作业，成了多技能工。计划性上岗培训是指选择优秀员工和有相应技能的员工，有计划地间歇性上岗接受培训。计划性上岗培训也称为非全职岗位培训，一般采用1周2天、为期2个月接受培训的形式，这种形式比较适用于现有骨干的多技能培训。脱岗培训是指将员工安排到企业培训中心或外派到外部培训机构接受培训。这种方式成本高、技能适应性不足，只有在非常必要的时候才对重要骨干采用。培养老员工成为多技能工时，要像培养新员工一样认真对待，要善于利用"传、帮、带"、师徒捆绑考核、技能比赛等活动，与员工技能管理、人员后备管理融合在一起进行。

二、督促——提升员工执行能力

用激励的方式督促能提升员工的执行能力，激励到位才能达成卓越的绩效。激励不是操纵、不是牵制，而是对人需要的满足，是通过满足需要，而对人的行为进行引导和对人的积极性进行调动。激励就是激发和鼓励员工的积极性和创造性。

1. 员工激励的原则

（1）目标结合原则　激励机制中设置目标是一个关键环节。目标设置必须同时体现组织目标和员工需要的要求，否则激励将偏离实现组织目标的方向，无法提高员工的目标绩效。只有将组织目标和个人目标结合好，使组织目标包含较多的个人目标才能收到良好的激励效果。

（2）物质激励和精神激励相结合的原则　物质需要是人类最基本的需要，是单层次也是最低的，所以物质激励的作用是表面的，激励深度有限，应把重心转移到满足高层次需要，即社交、自尊、自我实现需要的精神激励上去。物质激励是基础，精神激励是根本，激励应在两者结合的基础上，逐步过渡到以精神激励为主。

（3）外激励与内激励相结合的原则　改善员工外在条件方面的激励（即工作以外的奖赏）称为外激励。外激励包括增加工资、发放奖金、其他额外补贴、提升职务、改善人际关系、改善工作条件等。一旦外激励消失，员工工作的积极性可能会打折扣或不存在了。所以，外激励难以持久。满足员工自尊和自我实现需要的激励称为内激励。内激励能够使员工从工作中取得很大的满足感，或感觉工作中充满了兴趣、乐趣、挑战性、新鲜感；或工作中本身意义重大、崇高，激发出光荣感、自豪感；或在工作中取得了成就、发挥了个人潜力、实现了个人价值时所获得的成就感、自我实现感。这一切所产生的工作动力远比外激励要深刻和持久。因此，在激励中应善于将外激励和内激励相结合，以内激励为主，力求收到事半功倍的效果。

（4）正激励和负激励相结合的原则　正激励是对员工的符合组织目标的期望行为进行奖励，目的是使这种行为更多地出现，使员工积极性更高。负激励是对员工的违背组织目标的非期望行为进行惩罚，目的是使这种行为不再发生，使犯错员工积极地向正确方向转移。正、负激励不仅作用于当事人，还会间接影响到周围其他人。必须通过树立正面的榜样和反面的典型，扶正去邪，形成一种好的风气，产生无形的压力，使整个群体和组织的行为更积极、更富有生气。

（5）按需要激励原则　激励的起点是满足员工的需要，但员工的需要存在着个体差异和动态性，因人而异、因时而异，并且只有满足最迫切需要的措施，其效果才好，激励强度才大。所以，必须深入地进行调查研究，不断理解员工需要层次和需要结构的变化趋势，有针对性地采取激励措施，才能收到实效。

（6）民主公正原则　公正是激励的一个基本原则。公正就是赏罚严明，并赏罚适度。赏罚严明就是铁面无私、一视同仁。民主是公正的保证，也是激励的本质特征。

2. 员工激励的技巧

（1）认识并满足下属的要求　人的需求是对人产生吸引力的物质或状态。完成某项工作使人获得了物质的奖励或精神上的满足感都可能是人的需求。有针对性地满足员工的需求可以达到激励的目的。

（2）设定目标应是可达成的　员工受到激励程度的大小不仅和实现目标后得到的价值大小有关，还与员工心里评价的实现目标的可能性的大小有关。所以，实施激励时，光看重奖赏是不够的，还要看完成任务的难度。

（3）给下属持久的动力　善用奖励和赞扬是让员工有持久的动力的重要因素。

（4）让下属觉得公平　员工判断是否公平的标准不仅看自己的绝对报酬，还会自觉、不自觉地与他人付出的劳动与所得报酬相比较。班组长在日常的工作分配和考核评价时，要考虑尽量做到同等贡献相同评价。同时，要教育员工在进行比较时，还要考虑工作的难度、强度、技术性等方面的因素，使员工心里感到平衡。

3. 班组长激励员工的方式

班组长对员工的激励有一定的难度，因为班组长作为基层干部，手中没有激励的权限，尤其是物质奖励必须得到企业的授权，但班组长在有限的资源前提下，能够对班组员工进行激励，也体现了班组长的管理能力。

现场（班组）
人员管理

（1）目标激励　人的行为都是由动机引起的，并且都是指向一定的目标的。这种动机是行为的一种诱因，是行动的内驱力，对人的活动起着强烈的激励作用。目标激励就是把大、中、小和远、中、近的目标相结合，使员工在工作中时刻把自己的行为与这些目标紧紧联系。班组长可以对班组或个人制订并下达切合年度、半年、季度、月、日的业务目标任务，并定期检查，使其朝着各自的目标去努力、拼搏。管理者通过设置适当的目标，可以有效诱发、导向和激励员工的行为，调动员工的积极性。

（2）榜样激励　榜样激励是指选择在实现目标中做法先进、成绩突出的个人或集体，加以肯定和表扬，要求大家学习，从而激发团体成员积极性的方法。

（3）授权激励　授权激励是指授予当事人更高或更重要的权力，来激发当事人的潜力，取得更优异的成绩。一般来说，人都有进取心、成就感。职位越高、权力越大，掌握的资源越多，也就越可能做出更优异的成绩。对某方面做得比较好的人，可以适当给予其更高的权力，这样其获得了成就感，自然能投入更大的热情，调动更多资源做出更优异的成绩。有效授权是一项重要的管理技巧。不管多能干的领导，也不可能把工作全部承揽过来，这样做只能使管理效率降低，下属成长过慢。通过授权，管理者可以提升自己及下属的工作能力，更可以极大地激发下属的积极性和主人翁精神。

（4）尊重激励　尊重就是要尊重员工的人格，尊重他们的自尊心、自爱心，尊重他们的进取心、好胜心，尊重他们的独立性，尊重他们在缺点、弱点、错误中埋藏着的优点、长处和正确的闪光点。人人都需要尊重，人人都能从尊重中得到激励；尊重是一种最人性化、最

有效的激励手段之一。以尊重（重视）自己的员工的方式来激励他们，其效果远比物质上的激励更持久、更有效。可以说，尊重是激励员工的法宝，其成本之低、成效之卓著，是其他激励手段都难以企及的。

（5）信任激励　信任激励是一种基本激励方式。上下级之间的相互理解和信任是一种强大的精神力量，它有助于班组人与人之间的和谐共存，有助于班组团队精神和凝聚力的形成。信任可以缩短员工与管理者之间的距离，使员工充分发挥主观能动性，使企业发展获得强大的原动力。

（6）赞美激励　人都有做"重要"人物的欲望，都渴望得到别人的赞美和肯定。赞美有一种非常有效而且不可思议的推动力量，它能赋予人一种积极向上的力量，能够极大地激发人对事物的热情。用赞美的方式激励员工，管理者能得到的将会远远地大于付出。

（7）情感激励　情感激励就是通过强化感情交流沟通，协调领导与员工的关系，让员工获得感情上的满足，激发员工工作积极性的一种激励方式。班组长要时刻关注员工的工作和生活，积极为他们办实事、做好事、解难事，大力支持、鼓励和帮助员工做好日常工作。

（8）惩戒激励　惩戒的作用不仅在于教育其本人，更重要的是让其他人引以为戒，通过适度的外在压力使他们产生趋避意识。惩戒虽然是一种反面的激励，但却不得不为之，因为"怀柔"并不能解决所有的问题。

（9）数据激励　数据激励就是运用数据显示成绩，能更有可比性和说服力地激励下属的进取心。对能够定量显示的各种指标，要进行定量考核，并公布考核结果，这样可以使员工明确差距，有紧迫感、迎头赶上。班组长可以在每日、每周、每月、每季、每半年的考核期中、结束后或者业务竞赛活动进行当中、结束后，公布团队或个人业绩进展情况，并让绩优者畅谈体会、分享心得，以鼓舞全组员工的士气。

（10）奖励激励　奖励就是对人们的某种行为给予肯定和奖赏，使这种行为得以巩固和发展。奖励分为物质奖励和精神奖励。人在无奖励状态下，只能发挥自身能力的10%~30%；在物质奖励状态下，能发挥自身能力的50%~80%；在适当精神奖励的状态下，能发挥自身能力的80%~100%，甚至发挥潜能。物质奖励可能受限于企业的规定，班组长无能为力，但是可以充分地运用精神奖励，例如多夸奖员工。

（11）典型激励　典型激励是指树立团队中的典型人物和事例，经常表彰各方面的好人好事，营造典型示范效应，使员工向榜样看齐，让其明白提倡或反对什么思想、行为，鼓励员工学先进、帮后进、积极进取、团结向上。班组长要及时发现、总结典型，并运用好典型（要用好、用足、用活）。

（12）关怀激励　关怀激励就是通过对员工进行关怀、爱护来激发其积极性、创造性的激励方式。真心和诚意是别人最容易感受到的。班组长要多给员工一些体贴和关心，这样就会赢得员工的信服与尊崇，员工也会团结一心、干劲十足，业绩会不断提升。

（13）集体荣誉激励　集体荣誉激励是指各级领导者在工作中，通过多表扬、奖励集体，来激发员工的集体意识，使每个集体成员产生一种强烈荣誉感、责任感和归属感，从而形成一种自觉维护集体荣誉的向心力的方式。班组长通过给予集体荣誉，培养集体意识，能使员工为自己能在这样优秀的团队而骄傲，从而形成一种自觉维护集体荣誉的力量。

（14）支持激励　支持激励就是作为一个领导者，要善于支持员工的创造性建议，把员工蕴藏的聪明才智挖掘出来。班组长要善于支持员工的创造性建议，充分挖掘员工的聪明才智，使大家都想事、都干事，都创新、都创造。当班组长向上级夸赞员工的成绩与为人时，员工是会心存感激的，这样便满足了员工渴望被认可的心理，其干劲会更足。

【知识拓展】

海尔集团员工激励方式

　　海尔集团是世界第四大白色家电制造商，也是中国电子信息百强企业之首。海尔集团从一个名不见经传的濒临破产的小企业成为世界一流的大企业，它成功的秘诀之一就是激励机制的运用和发展。

　　海尔集团在正、负激励方面做得比较成功。海尔集团开始宣传"人人是人才"时，员工反应平淡。他们想：我又没受过高等教育，当个小员工算什么人才？但是当海尔把一个普通员工发明的一项技术革新成果以这位员工的名字命名时，在员工中很快就兴起了技术革新之风。例如员工李启明发明的焊枪被命名为"启明焊枪"，杨晓玲发明的扳手被命名为"晓玲扳手"，这一措施大大激发了普通员工创新的激情，后来不断有新的命名工具出现，员工的荣誉感得到极大的满足。对员工创造价值的认可是对他们最好的激励，及时的激励能让员工觉得工作起来有盼头、有奔头，进而能激发出员工更大的创造性。

　　另外，海尔集团每月会对所有的干部进行考评，考评档次分为表扬与批评。表扬得1分，批评减1分，年底二者相抵，达到负3分的就要淘汰。同时，通过制订制度使干部在多个岗位轮换，全面增长其才能，根据轮岗表现决定升迁。

　　课后调研：请通过阅读书籍或者互联网搜索，调研一个中国自主企业的激励方案或者故事，并与同学分享。

【任务实施】

> **小贴士：**
>
> 　　做好人员管理是现场管理成功的基础。请秉持认真负责、勇于创新的工作态度，按照员工能力提升方法，完成任务实施内容。

任务准备
1）知识：指导——提升员工职业能力。
2）知识：督促——提升员工执行能力。

注意事项
1）制订考核方案过程中，要考虑设置常规考核方案中包含的考核目的、考核原则、考核范围、考核时间、考核内容、考核程序、考核结果运用、相关要求等因素。
2）要将员工激励相关知识融入考核方案中。

任务实施内容
根据教师指导和所学知识，制订员工激励考核方案，并记录方案制订内容。

任务实施流程		
序号	步骤	主要任务内容
1	员工激励考核方案制订	在企业生产现场，有的员工想成为技术专家，有的员工想提升与现有工作岗位相关的技能，有的员工想成为管理人员，有的员工想到其他部门工作 请结合以上不同人员的不同想法，以及企业的生产经营目标，制订一份员工激励考核方案，以提高员工工作的积极性和竞争力，为员工个人目标的实现与企业健康持续地发展指明方向 **员工激励考核方案** 一、考核目的 二、考核原则 三、考核范围 四、考核时间 五、考核内容

（续）

序号	步骤	主要任务内容
1	员工激励考核方案制订	六、考核程序 七、考核结果运用 八、相关要求
2	激励菜单制订	请为你班组的其他成员每人写一句激励菜单
3	效果确认	通过以上方案的制订与激励菜单撰写，你有什么收获

【评价反馈】

　　班组小组内合理分工，完成任务实施后，结合个人、小组在课堂中的实际表现进行总结与反思。

评价项目	评价标准	分值	得分
知识准备	熟知提升员工职业能力的做法	10	
	掌握提升员工执行能力的做法	10	
	了解常规考核方案包含内容	10	
知识拓展	树立企业员工激励管理理念，树立激励意识	20	

（续）

评价项目	评价标准	分值	得分
任务实施	制订的员工激励考核方案正确、可行	10	
	激励菜单制订用心、准确	10	
	效果确认环节，撰写的收获认真、充实	10	
综合表现	能与班组人员团结合作，积极讨论，严谨、认真地完成任务实施内容，具备严谨、认真的工作作风	20	
	合计	100	

考核成绩：_____　　　　　　　　　　　　　教师签字：_____

日期：　　年　　月　　日

【课后测评】 ▶

1. 简要制订一份员工岗位（如班组长岗位）培训计划。
2. 简述采用激励方式提升员工能力的意义。

任务 18　制订 OJT 人才育成实施计划

【任务描述】 ▶

　　人才是企业发展的第一资源。一个企业能不能发展、发展得好不好，主要取决于人才。只有做好人才培养，不断提升人才的创新能力，做好人才育成，才能实现企业持续地高质量发展。人才育成不仅是企业的工作，也是每位员工的责任。掌握人才育成知识，会制订 OJT 人才育成实施计划，是汽车制造人员需要具备的职业技能。

【任务目标】 ▶

素质目标：

1）培养"工作学习相结合"的意识。
2）培养自我提升、持续进步的意识。

知识目标：

1）掌握 OJT 的实施步骤。
2）掌握 OJT 的培训方法。

能力目标：

1）具备制作 OJT 人才育成相关表格的能力。
2）具备制订 OJT 人才育成实施计划的能力。

【任务书】

企业想要得到更好的发展与改善，人才育成是第一步。因为精益人才的培养是精益生产成功的关键。假设你是一名班组长，请结合 OJT 人才育成知识，与班组同学积极讨论分析，完成 OJT 人才育成实施计划的制订。

【知识准备】

一、人才育成概述

1. 人才育成的定义

人才育成是指企业为了使员工获取相应的价值观、行动规范意识以及相关知识和技能，以保证产品质量、提高作业效率、提高员工绩效，使企业保持长期的整体竞争优势，对员工做出的有计划的培训。

2. 人才育成的目的

人才育成是企业和个人共同追求的目标。一方面，企业为员工提供提高个人专业技能、沟通能力、团队合作能力和领导能力等才能的机会，让员工在不同的岗位上都能够发挥自己的优势，为企业的发展提供优质高效的人力资源。另一方面，员工为了提高自身能力，不断地进行自我潜能的开发，使自己具备与企业目标相适应的素质和业务能力，逐步成长成为能为企业创造更多效益与价值的优秀人才。

3. 人才育成的对象

在企业生产现场，人才育成的对象主要是指生产线操作工、班组长及后备、核心技术工种人员等。

二、OJT 人才育成概述

OJT 是提升员工能力的最佳途径，是培养员工专业技能、沟通能力、团队合作能力和领导能力的最有效的方法。

1. OJT 的定义

在岗培训（On the Job Training，OJT）是指在工作现场内，利用工作实践为基础平台，有计划地培养特定员工、特定工作技能的培训过程。OJT 必须建立在提前做出计划与目标的基础之上进行。

企业 OJT 人才育成模式的核心是"工作学习相结合"。在工作中进行培训，两不耽误，指导者和学习者都不必另外投入时间、精力和费用，而且能使培训和实际工作密切联系，形成教与学的互动。指导者通过在实际工作中的教授过程，使学习者在技术技能和综合素养上都得到提升，为其个人发展提供机会，实现员工自身价值。

2. OJT 的目标

一个有理想、有追求的员工的成长，OJT 是基础，同时要辅之以相应的激励机制和系统、持续的培训。OJT 不单单是学习技能、经验的有效方式，还是传承企业文化的一种有效形式。

3. OJT 的技巧

1）积极倾听员工发言。

2）让对方说出心里话。

3）善于说服。

4）经常赞赏员工。

5）善于批评。

6）激励员工。

三、OJT 的实施步骤

1. OJT 的实施步骤

OJT 的实施步骤主要包含下面 5 步。实施步骤要通过计划 - 执行 - 检查 - 处理，即 PDCA 管理循环来完成。

第 1 步，把握培训的需求。

需要明确学习者在工作上最薄弱的地方在哪里，存在的主要问题有哪些，个人希望得到哪些提高，部门负责人希望对哪些地方进行指导等。需要填写 OJT 培训需求表。OJT 培训需求表示例见表 6-1。

表 6-1　OJT 培训需求表示例

姓名		所在部门	
所在岗位		入职日期	
技能项目	技能现状	提升目标	结果评估
拟定培训时间		"一对一"辅导老师（指导者）	
审核		填表日期	

第 2 步，设定 OJT 指导的目标。

设定的目标包括通过一对一的指导，学习者要达到的水平（期待水平）、指导的期限和达成的时间，同时，还需要考虑设定的目标一定要符合学习者的水平以及部门条件。此步和第 1 步可以同时进行，并根据实际情况填写表 6-1 中的"提升目标""拟定培训时间"栏目。

第 3 步，制订 OJT 指导计划表和日程表。

计划是实现目标的重要手段和方法，务必建立详尽的指导计划表和日程表。在制订计划之前，要了解学习者的实际情况，对员工的工作能力进行分类，并对不同的员工采取不同的指导方法，做到因材施教。OJT 培训指导计划表示例见表 6-2。

表 6-2　OJT 培训指导计划表示例

学习者		辅导老师（指导者）		
月份	共同指导事项	个性指导事项		备注
第一月				
第二月				
第三月				
第四月				
第五月				
第六月				
备注	1）新员工一般指导 6~12 个月 2）老员工根据实际技能测评，指导 3~6 个月			
编制 / 日期		审核 / 日期		

第 4 步，按计划实施 OJT。

按照制订的 OJT 指导计划开始进行有序的指导，并利用各种现场操作机会，指导者适时地对学习者进行指导和培养，有问题时及时给予纠正。

第 5 步，评价和反馈。

评价和反馈是 OJT 的最终阶段，要认真评价和总结目标达成情况，包括对过程中的问题点把握、改善的事项、与本人面谈等。要充分运用 PDCA 循环进行持续改进，以提高全员整体的岗位技能和工作能力。OJT 培训一对一指导评价表示例见表 6-3。

表 6-3　OJT 培训一对一指导评价表示例

部门		学习者					
评价期间		辅导老师					
入职日期		实施时间					

评价方法
1）针对 OJT 期间一对一指导结果以及态度、素养和岗位技能熟悉情况进行指导、评价
2）参考本人评价，由部门主管（部门负责人）、辅导老师进行评价
3）最终评价意见由公司总经理或者 OJT 负责人给出

评价项目		评价基准	评价				本人评价	部门评价
			优秀	良好	一般	不足		
态度及素养	自我开发的欲望	自觉工作，自我开发的动机强，并且为此付出努力	15	12	9	6		
	责任感	对指导的内容和业务执行结果报有诚实和负责任的态度	15	12	9	6		
	积极性	自愿自觉地要求指导，积极参与工作的愿望和程度	15	12	9	6		

（续）

评价项目		评价基准	评价				本人评价	部门评价
			优秀	良好	一般	不足		
态度及素养	理解判断力	快速掌握指导的核心内容，并能迅速、正确地处理突发问题	15	12	9	6		
	协作性	为了和谐的人际关系和工作需要，有自我牺牲的精神，积极协助他人	15	12	9	6		
岗位技能熟练度		一对一指导计划执行程度及岗位技能熟练度	25	20	15	10		
合计								
最终评价意见								
		总经理（OJT 负责人）：			年 月 日			

2. OJT 实施的注意事项

1）制订相应的制度并落实到实处。

2）日常管理就是在岗培训（OJT）。

3）正确对待员工的错误和出现的问题。

4）言传身教、以身作则。

5）创造宽松的学习空间。

6）经常进行过程的跟进。

四、OJT 的培训方法

OJT 的培训方法主要包含说明、示范、练习、跟踪、认可 5 个步骤。OJT 培训方法示意图如图 6-1 所示。

第 1 步，说明。

指导者详细说明如何做好这项工作。首先，概述整个过程；然后，描述操作过程的每一个步骤，每一次讲解一个步骤，并把操作步骤写成指导说明。

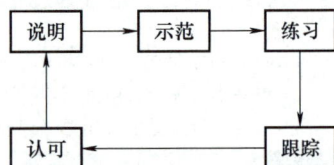

图 6-1　OJT 培训方法示意图

第 2 步，示范。

指导者边讲解边操作，示范演示完成指导任务的操作过程。

第 3 步，练习。

指导者让学习者根据自己传授的技巧依法实践，并一边操作一边口述操作过程及注意事项，让学习者指出工作的关键之处，并示范；多次练习，直到熟练为止。

指导的目的是让学习者更好地做事，因此应给学习者更多的机会练习，并在旁进行观察、指导。

第 4 步，跟踪。

指导者在日常工作中观察、评估学习者做得好不好，不好的地方进一步指导。评估要以计划中制订的培训基准为标准，并以实际工作成效为依据。

注意，要经常在培训计划过程中展开评估，而不要到培训计划结束后才进行一次性评估。

第5步，认可。

友善与尊重很重要。做得好的要及时给予赞赏与鼓励，激励学习者继续努力；对于不足的地方，要对事不对人地立即修正。明确地指出不足是非常重要的，它能改善培训效果，但指正时的态度很重要，一定要以诚恳且对事不对人的态度进行。

【知识拓展】　▶ ⋯⋯⋯⋯⋯⋯⋯⋯⋯⋯⋯⋯⋯⋯⋯⋯⋯⋯⋯ ▶

华为公司员工轮岗培训

华为公司创立于1987年，是全球领先的信息与通信基础设施和智能终端提供商。公司的20.7万员工遍及170多个国家和地区，为全球30多亿人口提供服务。华为致力于把数字世界带给每个人、每个家庭、每个组织，构建万物互联的智能世界。

在华为，一直流传着一句名言：烧不死的鸟是凤凰！什么是人才？对华为来说，能经得起考验、耐得住折磨、受得了磨难的，才配得上"人才"这个称号！正因为如此，华为的领导班子都能吃苦，他们大多经历过10个或更多不同的岗位，甚至有人在23年里换了15个以上的部门。要知道，每换一次部门就意味着要跟过去告别，无论你的曾经多么辉煌，都会像写的粉笔字那样被抹掉重来。

课后调研：请通过阅读书籍或者互联网搜索，调研一个中国公司在员工培养、培训中的案例或故事，并与同学分享。

【任务实施】　▶ ⋯⋯⋯⋯⋯⋯⋯⋯⋯⋯⋯⋯⋯⋯⋯⋯⋯⋯⋯ ▶

> **小贴士：**
>
> 　人才是促使企业长期发展的重要因素。请秉持认真负责、严谨细致的工作态度，按照OJT人才育成知识，完成任务实施内容。

任务准备

1）知识：OJT的实施步骤。

2）知识：OJT的培训方法。

3）工具：PDCA循环。

注意事项

1）制订实施计划过程中，一定要分析培训对象，依据培训对象（学习者）的真实需求，依次制订人才育成实施计划相关内容。

2）OJT人才育成具有连续性，制订相应的实施计划一定要能落到实处。

任务实施内容

根据教师指导和所学知识，制订OJT人才育成实施计划，并记录方案研讨制订过程。

序号	步骤	主要任务内容

任务实施流程

序号	步骤	主要任务内容	
1	案例分析	右侧 3 个案例中的____是 OJT，这说明 OJT 是指通过实际的、具体的工作来进行指导的，它跟培训的场所无关	案例 1：在 ×× 汽车制造企业的培训室中，安全部门的安全管理人员正在给新员工进行三级安全教育 案例 2：在 ×× 企业生产车间的班组园地，班组长召开班前会时对班组员工传达：由于公司正在推广 5S 管理，现在我大约花 5min 时间跟大家简单介绍如何在自己的岗位区域中做好 5S 管理 案例 3：×× 公司培训经理让自己的一名下属给相关部门的员工发一个关于周末培训的通知，下属写好通知之后交给经理审阅。经理仔细地检查了这份通知，发现有 3 处表达不清晰的地方，他在文件上做了标记，并交还给下属进行修改

2　OJT 人才育成实施计划制订

新入职员工基本情况概述：张 ×× 与傅 ×× 是 2023 年 7 月入职某汽车公司的新员工，学习的专业是汽车制造与试验技术专业，曾有汽车制造企业总装车间 4 个月的实习工作经验，分别从事过车门装配、座椅装配等企业实习工作

现工作岗位是汽车整车质检员岗位，岗位职责主要包括以下 2 点：

1）负责总装车间的装配质量检验管理工作，负责各工序在生产过程中的质量检验，要求在保证产品质量的前提下，减少原料损耗，降低成本

2）了解总装车间各装配工位生产过程中，容易出现的装配质量问题，并将问题及时反馈给质量负责部门，及时商讨解决方案，纠正在生产中的差错，保证生产质量，减少返工浪费

请结合以上两名新员工的实际情况及实际工作岗位的能力需求，制订一份 OJT 人才育成实施计划，以提高两名员工的现场岗位工作能力，保证产品质量、减少返工浪费，为公司避免不必要的损失

OJT 人才育成实施计划

第 1 步，梳理完成工作岗位必备能力

完成工作	必备能力			
	知识	技能	态度	习惯
掌握检验方法	检验方法、检验工具	岗位知识学习能力	兢兢业业、求真务实	严谨细致、认真负责
装配质量检验	装配质量检验流程	岗位校测与操作能力	一丝不苟、注重细节	严格按照检验标准操作
结果反馈	问题整理相关知识	问题分析与汇总能力	积极主动、认真负责	与员工进行有效沟通

第 2 步，把握学习者现有能力，找差距

结合新入职员工基本情况概述及现工作岗位必备能力要求，将下面表格中"学习者现有能力差距"列内容补充完整

完成工作	必备能力				学习者现有能力差距
	知识	技能	态度	习惯	
掌握检验方法	检验方法、检验工具	岗位知识学习能力	兢兢业业、求真务实	严谨细致、认真负责	
装配质量检验	装配质量检验流程	岗位校测与操作能力	一丝不苟、注重细节	严格按照检验标准检验	
结果反馈	问题整理相关知识	问题分析与汇总能力	积极主动、认真负责	与员工进行有效沟通	

（续）

序号	步骤	主要任务内容
2	OJT 人才育成 实施计划 制订	**第3步，制订培训计划** 　根据"学习者现有能力差距"情况，制订两名新员工的培训计划，将培训计划表格绘制在下面，并将表格内容填写完整 **第4步，实施OJT培训** 根据培训计划，详细介绍OJT培训实施过程 1）说明 _____ _____ _____ _____ 2）示范 _____ _____ _____ _____ 3）练习 _____ _____ _____ _____ 4）跟踪 _____ _____ _____ _____ 5）认可 _____ _____ _____ _____ **第5步，对OJT培训进行评价** _____ _____ _____ _____ _____

（续）

序号	步骤	主要任务内容
3	效果确认	通过 OJT 人才育成案例分析和实施计划的制订，你有什么收获

【评价反馈】

班组小组内合理分工，完成任务实施后，结合个人、小组在课堂中的实际表现进行总结与反思。

评价项目	评价标准	分值	得分
知识准备	掌握 OJT 的实施步骤	10	
	掌握 OJT 的培训方法	10	
知识拓展	养成自主学习、认真分析的习惯，树立持续进步的职业目标	20	
任务实施	OJT 人才育成的含义理解准确	10	
	培训计划制订合理、准确	10	
	OJT 培训实施过程合理、逻辑清晰	10	
	效果确认环节，撰写的收获认真、充实	10	
综合表现	能与班组人员团结合作，积极讨论，严谨、认真地完成学习活动，具备严谨、规范的工作作风	20	
	合计	100	

考核成绩：_____ 　　　　　　教师签字：_____

日期： 　　年　　月　　日

【课后测评】

1. 简述 OJT 人才育成的意义。
2. 简述 OJT 的实施步骤。

［1］陈婷，毕方英，王立超. 汽车生产现场管理［M］. 2版. 北京：机械工业出版社，2023.

［2］中国质量协会. QC小组基础教材［M］. 2版. 北京：中国社会出版社，2016.

［3］门田安弘. 新丰田生产方式［M］. 4版. 王瑞珠，译. 保定：河北大学出版社，2012.

［4］滕宝红. 班组长安全生产管理与培训［M］. 北京：人民邮电出版社，2012.

［5］詹姆斯P. 沃麦克，丹尼尔T. 琼斯，丹尼尔·鲁斯. 改变世界的机器：精益生产之道［M］. 余锋，张冬，陶建刚，译. 北京：机械工业出版社，2022.

［6］崔生祥，王泽民. 如何当好班组长：打通企业管理最后一公里［M］. 北京：人民日报出版社，2019.

［7］赵非. 汽车发动机装配过程精益质量管控实例［M］. 哈尔滨：黑龙江科学技术出版社，2016.